研究阐释党的二十大精神丛书

上海市哲学社会科学规划办公室
上海市习近平新时代中国特色社会主义思想研究中心 编

制度与效能：超大城市全过程人民民主发展探索

彭勃 等 ⊙ 著

上海人民出版社

出版前言

党的二十大是在全党全国各族人民迈上全面建设社会主义现代化国家新征程、向第二个百年奋斗目标进军的关键时刻召开的一次十分重要的大会。这次大会系统总结了过去5年的工作和新时代10年的伟大变革，阐述了开辟马克思主义中国化时代化新境界、中国式现代化的中国特色和本质要求等重大问题，对全面建设社会主义现代化国家、全面推进中华民族伟大复兴进行了战略谋划，对统筹推进“五位一体”总体布局、协调推进“四个全面”战略布局作出了全面部署，在党和国家历史上具有重大而深远的意义。

为全面学习、全面把握、全面落实党的二十大精神，深刻揭示党的创新理论蕴含的理论逻辑、历史逻辑、实践逻辑，在中共上海市委宣传部的指导下，上海市哲学社会科学规划办公室以设立专项研究课题的形式，与上海市习近平新时代中国特色社会主义思想研究中心、上海市中国特色社会主义理论体系研究中心联合组织了“研究阐释党的二十大精神丛书”（以下简称丛书）的研究和撰写。丛书紧紧围绕强国建设、民族复兴这一主题，聚焦习近平新时代中国特色社会主义思想，聚焦新时代党中央治国理政的伟大实践，力求对党的创新理论进行学理性研究、系统性阐释，对党的二十大作出的重大战略举措进行理论概括和分析，对上海先行探索社会主义现代化的路径和规律、勇当中国式现代化的开路先锋进行理论总结和提炼，体现了全市理论工作者高度的思想自觉、政治自觉、理论自觉、历史自觉、行动自觉。丛书由上海人民出版社编辑出版。

丛书围绕党的二十大提出的新思想新观点新论断开展研究阐释，分领域涉及“第二个结合”实现之路、中国式现代化道路、五个必由之路、中国共产党的自我革命、斗争精神与本领养成、国家创新体系效能提升、中国特色世界水平的现代教育探索、人民城市规划建设治理、超大城市全过程人民民主发展、数字空间安全、长三角一体化发展示范区等内容，既有宏观思考，也有中观分析；既有理论阐述，也有对策研究；既有现实视野，也有前瞻思维。可以说，丛书为学习贯彻习近平新时代中国特色社会主义思想和党的二十大精神提供了坚实的学理支撑。

丛书的问世，离不开中共上海市委常委、宣传部部长、上海市习近平新时代中国特色社会主义思想研究中心主任、上海市中国特色社会主义理论体系研究中心主任赵嘉鸣的关心和支持，离不开市委宣传部副部长、上海市习近平新时代中国特色社会主义思想研究中心常务副主任、上海市中国特色社会主义理论体系研究中心常务副主任潘敏的具体指导。上海市哲学社会科学规划办公室李安方、吴净、王云飞、徐逸伦，市委宣传部理论处陈殷华、俞厚未、姚东、柳相宇，上海市习近平新时代中国特色社会主义思想研究中心叶柏荣等具体策划、组织；上海人民出版社编辑同志为丛书的出版付出了辛勤的劳动。

“全面建设社会主义现代化国家，是一项伟大而艰巨的事业，前途光明，任重道远。”希望丛书的问世，能够使广大读者加深对中华民族伟大复兴战略全局和世界百年未有之大变局、对中国共产党人更加艰巨的历史使命、对用新的伟大奋斗创造新的伟业的认识，能够坚定我们团结奋斗、开辟未来的信心。

目 录

前　言

2019年习近平总书记在上海首提全过程人民民主，党的二十大报告对全过程人民民主进行了系统总结和深刻阐释，确立了全过程人民民主的理论体系。全过程人民民主成为新时代中国社会主义政治的关键标志，是中国式现代化取得成功的政治保障。随着重大理念深入人心，各地实践创新不断涌现，关于全过程人民民主的理论著述也如雨后春笋，佳作频出。本书作者认为，为了深描全过程人民民主的具体运转过程，进一步厘清全过程人民民主的治理功效，在理论和实践两个层面准确分析中国式民主的比较优势，未来的研究仍然有很大的发展空间，需要将概念解析与实际场景结合起来，将理论逻辑的链接与创新实践内在机理联系起来，将静态的体系构建与创新项目动态运行联系起来。基于一线调查研究的经验，要推进全过程人民民主的研究工作，以下几个方面值得重视。

第一，着力挖掘一线创新实践的宝藏。

全过程人民民主是理论的创新，更是新时代国家治理实践的创新。中国式民主的强劲的生命力，来源于发现问题、解决问题的治理创新实践。在无数的案例中存在普遍的情况，当基层和一线遇到治理难题时，并不是简单执行自上而下的指令，而是在合情、合理、合法的前提下，创造性开发新机制和新方法，以达到动员治理资源、营造治理氛围、协同治理力量、提升治理实效的目的。在这些新机制和新方法之中，有相当一部分渗透了民主与参与的元素与内涵。本书作者认为，这些具有民主色彩的治理创新，共同构成了全过程人民民主鲜活的实践基础。

正是这些自下而上和自发的治理创新，赋予新时代中国式民主有效嵌入治理过程的科学性和适应性。由于全过程人民民主源于实践，来自一线实际操作，与中国公共治理的主体、机制、体系和环境之间有着深刻的联系，因而带有浓厚的中国特色，具有明显的中国风格。因此，要准确定位全过程人民民主的中国特征，挖掘出中国式民主的独特内涵，解题的密码就在丰富多彩的治理创新之中，挽起袖子，从书房走向田野，是理解中国式民主真实内涵的最佳路径。

我们可以发现，具有民主元素和特征的治理创新，分布在超大城市治理的多个领域和各个层面，需要我们系统整理和挖掘全过程人民民主的实践案例。显而易见，在人大民主、基层民主、协商民主等领域中，全过程人民民主的治理实践案例俯拾皆是，这构成全过程人民民主创新的传统领域。作者认为，仍然有更多数量的创新案例，并没有冠以民主或参与的头衔，负责实践的部门和一线操作者甚至未必有意识地将其纳入“民主”的工作范畴，然而这些创新实践无疑具有明显的“民主”意涵，构成全过程人民民主的实践版图。因此，本书突破将全过程人民民主局限于人大民主、基层民主和协商民主的三个领域，而是采取了新的分类方法，从公共治理的体系分析入手，初步勾勒出超大城市全过程人民民主的实践版图。具体包括以下几个大板块，即人民代表大会、基层治理、参政议政（协商）、职能部门公众参与、公共治理信息公开、人民群众权利维护、民意征集等。在这个新的实践版图内，全过程人民民主首先就要突破党政职能部门的界限，是一个涉及公共治理全方位、全流程、全链条的创新体系。人大、政协、政府执法管理部门、公共服务部门、基层治理、信访矛调和民意征集部门，都是全过程人民民主的创新主阵地。

应该说，各大部门的创新实践取得了明显成效，对于推进治理现代化发挥了重要作用。但是，由于体制、机制和文化的影响，这些创新的实际效能并没有得到充分的实现。主要问题表现在创新实践尚未有效地嵌入超大城市的治理情景，导致创新实践的效能发挥和可持续性不理想，多数创新依赖持续性外部投入和强力推动，内卷现象严重，甚至出现创新的表面化、形式化甚至“纸面化”的现象。这个情况就构成新时代进一步推动全过程人民民主深度创新的实践背景。新时代开启以来，上海等超大城市根据自身的治理需求和治理环境，涌现出一批治理创新工作和实践案例。本书将搜寻和整理全过程人民民主的典型案例，在典型案例的结构性分析之中，探寻超大城市全过程人民民主创新的动力机制、运行规律和创新特征。具体包括以下案例：（1）基层立法联系点；（2）民生实事项目人大代表票决制；（3）政协委员参与城市片区治理和社会治理；（4）行风评议监督；（5）“一网通办”的民主创新；（6）社区“三会”制度；（7）特约监察员工作；（8）12345 热线工作；

（9）“社区通”数字化创新；（10）人民建议征集工作；（11）人大代表“家站点”建设。

作者认为，在挖掘实践案例的宝藏过程中，有必要保持足够的清醒，尽量避免三个误区。一是形式主义和教条主义的误区。即认为一定要是某个职能部门的工作范畴，或者冠以民主和参与的创新，才能被纳入考察范围。如前所述，这样就会漏掉相当一部分重要的创新案例，无法完整认识中国式民主的整体版图。第二个误区是“泛民主化”，将各类创新都往同一个筐里装。要克服这种偏颇，需要基于创新实践，对全过程人民民主创新进行准确的界定和划分，厘清民主元素的准确内涵。三是避免将案例搜集工作演变为“集邮”和“拼图”行为，应当将复杂多样的创新案例，镶入结构清晰的一体版图，促进对民主特质和创新体系的准确认知。要达到该目标，需要将全过程人民民主的研究，从个案描述和板块拼接，提升到系统性、结构性的分析层面。

第二，加强创新实践的制度定型研究。

党的二十大报告，标志着全过程人民民主从重大理念、创新实践，发展成为社会主义民主政治的重要制度形式，成为统领新时代社会主义民主政治建设的旗帜与灵魂。对全过程人民民主的制度化分析，需秉持制度分析的科学态度，遵循制度分析的一般路径。首先，制度的本质和功能是什么？全过程人民民主制度包括制定、实施和执行的一系列规则、程序和行为准则，其出发点是维护人民群众基本权益，发扬社会主义政治的本质属性，纾解公共治理中存在的困难与问题。只有从这个角度，才能对制度本质进行深入剖析，明确其基本特征、本质属性和作用功能。其次，制度的形成和演变是制度分析的关键内容。与其他制度实践一样，全过程人民民主的制度并不是横空出世，而是在有效回应政治诉求，解决治理难题的过程中，逐渐形成积累壮大起来。同时，也不是一成不变的制度，会随着治理目标的调整、治理情境的演变甚至治理技术的嬗变而不断演进，因此，应当从静态的制度描述，跨入制度形成与演变的研究，包括对制度的形成背景、演变过程和发展趋势，不断聚焦制度变革和优化的关键点。最后，制度运行是制度分析的要义。全过程人民民主制度的执行贯彻同样贯穿整个制度的生命周期，影响着政治生活与国家治理的各个领域和方面。在制度分析中，需要将全过程人民民主的具体操作机制、相关法律法规体系和丰富的创新实践相结合，探讨全过程人民民主实践对于中国治理风格、治理体系、治理机制、治理能力及治理效果诸多方面的重大影响。

说清楚全过程人民民主的制度优越性和相对优势，需要加强全过程人民民主与西式民主的比较分析研究。科学和令人信服的比较研究，必须建立在共同的分析框架和表述层次之上。在全过程人民民主的制度化分析基础上，才能实现对制度优势和制度价值的科学阐述。因此，本书专辟第五章，试图初步建立全过程人民民主的制度比较分析框架，包括实质性参与的广泛性、嵌入治理的真实性、人民民意的回应性、制度执行的有效性、流程的闭环监督性等。首先，基于这个制度分析框架，在政治科学的学科视野下，将全过程人民民主的研究纳入科学范畴，深化对制度的全面客观分析；其次，以上几个维度，是衡量和评价所有民主政治的共同标准。中国式民主不是独立外在于世界政治文明体系，也不能单独搞出一套“自说自话”的话语体系和评价框架来。相反，全过程人民民主的目的在于破解人类公共生活面临的共同难题，要在中国的具体情境下，给出一套最符合中国国情、最具生命活力、最能解决问题、最受广大民众欢迎的治理形式。只有这样，才能以科学的态度开展比较分析，知己知彼，以理服人，奠定制度自信的科学基础。再次，制度分析的维度有助于推进全过程人民民主的体系化、制度化、规范化的研究。因此在本书后续的制度分析和效能评估部分，贯彻和延续了相关的制度分析维度和分析评估技术，作为确立评估指标的理论支撑。

全过程人民民主是一个结构性和体系化的制度实践，本书第四章从结构性分析的视角，尝试对超大城市的相关创新实践组织统合起来，形成一个整体与体系。其核心精神就是全过程人民民主与国家治理流程的深度嵌入和相互支撑。认识和分析复杂丰富的全过程人民民主创新实践，最好的办法就是采用国家治理的流程分析框架。本书从民主选举、民主协商、民主决策、民主管理和民主监督五个维度，建构全过程人民民主创新的分析结构。当前的创新实践证明，这个做法可以有效避免将全过程人民民主窄化归口为某个职能单位的部门工作。将全过程人民民主创新作为一个整体研究，有利于深化对其科学的研究，也有利于在整体治理的视角下推进实践创新。

第三，治理效能是全过程人民民主的生命线。

制度优势的根本源泉在于制度的生命力，而生命力的基础是否扎实绵密，就要看这种制度是悬浮于治理过程之上，还是有效嵌入治理流程；就要看这种制度是流于制度设计和制度规范，还是在实践运行中不断调整和完善；就要看这种制度是外在于人们的公共生活的说教，还是渗透到每一条脉络和每一个角落。归结到一点，全过程人民民主制度的生命线，就在于这种制度在国家治理的全流程中，到底发挥了什么功效，在引导、支撑、调谐公共治理中具有什么样和多大程度的效能。从价值阐释、制度描述走向制度运行深描和具体效能研究，是推进全过程人民民主研究的有效途径。基于这一理念，本书单辟第六章分析全过程人民民主的效能评估，成为全书十分吃重的关键部分。作为制度效能研究和评估实操的部分，是前面章节关于制度理念、制度创新案例、制度分析维度等部分的逻辑延续，共同构成一个有机的整体。

效能评估指标体系构建秉持绩效评估的基本原则。包括主题性原则，即指标体系聚焦于民主政治的评估主题，而不是泛化为一般的治理评估，根据民主的主题挖掘和选择分布于国家治理各个流程中的创新元素；整体性原则，即跨越职能部门的分界，从系统分析的科学视角，以“五大民主”的格局构建全过程人民民主的体系基础；效能性原则，指标采取不局限于冠以民主和参与等字样的工作点，或者局限于人大、政协等职能部门，而是考察其所包含的民主元素及其民主治理效果的达成。在制度描述的基础上，着重考核制度运行的实际效果及其产生的治理影响；可操作性原则，基于本书的设计，全过程人民民主的采纳指标将分散在“五大民主”领域和相当多的党政职能部门，需要十分重视指标采集的可行性问题。包括指标数据的可及性和指标数据的可量化程度；可比较性原则，效能评估的工作价值在于通过纵向与横向的比较，分析创新实践的发展态势和对比情况，达成取长补短的目的。因此，需要考虑指标的共性问题和稳定性问题。在不同地域和不同部门之间展开比较，侧重规定动作和标准案例，需要采集共性程度和标准化程度较高的观察指标。

效能评估需要构建指标体系的基本格局。采取分级指标采集和评估的方式。一级指标即全过程人民民主的发展指数，是整个评估结果的总括性结果。如前所述，本书认为“五大民主”是支撑起全过程人民民主的体系架构，二级指标的确定充分贯彻这个理解思路，二级指标的分布分别为民主选举指标、民主协商指标、民主决策指标、民主管理指标、民主监督指标。二级指标的分类既体现了公共治理的全流程，在指标采集中也可能够具体落实到工作领域。基本上每一个二级指标也可以对应到具体的职能部门，因此将二级指标作为单独的评估体系，也具有可行性和工作推进的价值。三级指标共设立 25 项，每个二级指标内都均衡分布五个三级指标。三级指标的确立主要考虑几个因素，一是注重在每个二级指标工作领域内的基础性和重要性意义，所选择的指标点过偏过细，在理论逻辑和工作实际的两个层面上能够有力支撑起二级指标；二是指标具有一定的典型性和代表性，因而也具有较强的可比性，避免选择个性化太强的创新工作点；三是指标选择要体现创新性和工作实效，避免形式大于内容，实效性不强的一些工作点；四是指标选取考虑可行性。在充分利用现有官方数据和研究性数据库的基础上，采用问卷调查和访谈调研的方式获取指标数据。

效能评估指标计算和全过程人民民主发展指数的测算问题。指标测算和指数形成是整个效能评估的工作目标。本书将遵循效能评估的一般科学规律，借鉴联合国人类发展指数（HDI）的评估策略。即采用无量纲化的方式，通过测量每个指标的上限、下限阈值的方式，将每个指标的权重统一合成全过程人民民主的总指数。这种测算办法，可以对一个地区的全过程人民民主发展水平进行总体性的客观描述，同时也可以就各个二级指标进行单独计算生成分部指数。既可以对某一个地区的全过程人民民主发展水平和发展态势进行监测和评比，也可以对某一个党政职能的全过程人民民主工作水平进行监测和评比。

全过程人民民主是中国式现代化的基本政治设计，其实践创新方兴未艾，并不断走向深入。这就要求研究者不断强化科学精神和科学思维，并将科学研究思路、技术和设计方案渗透到全过程人民民主研究的每个环节。本书作者认为，通过走入创新实践的田野，是认识中国式民主强大生命力和中国社会主义民主政治比较优势的重要路径，也是帮助研究者不断廓清认识深化理解的唯一办法。本书对于全过程人民民主创新实践的理解框架，对制度体系的理论认识，以及通过效能评估提升创新实践水平的努力，在认知水平和工作水平上仍然是初步甚至是粗浅的，但是作者坚信这个方向是正确的，将沿着这条道路继续努力。

第一章

全过程人民民主理念的提出与实践

人民民主，作为一种价值追求、政治理念和制度实践，贯穿着人类社会的发展历程。2019 年习近平总书记在上海考察时首次提出“全过程人民民主”重大理念，标志着中国特色社会主义民主建设崭新的发展阶段。全过程人民民主是对中国特色社会主义人民民主鲜明特质和显著优势的深刻总结，对中国民主的制度优势转化为治理效能具有重要的理论与实践意义。本章首先对全过程人民民主重大理念的提出过程与发展状况进行回顾，再聚焦于城市建设本身，对“人民城市”理念与“全过程人民民主”理念的现实意义与理论价值展开分析。最后着眼于超大城市建设，集中分析全过程人民民主破解超大城市治理特有难题的路径。

第一节　上海：全过程人民民主的首提地

上海作为中国式现代化的开路先锋，在基层民主立法协商方面进行了实践探索，正是在这样的背景下，全过程人民民主这一前瞻性的理念首次在上海提出。而这一理念的形成，是党对人民民主发展的深化探索与基层民主长期丰富的实践基础的成果。本小节首先对全过程人民民主重大理念的提出过程进行回顾，继而深度发掘其孕育产生的时代背景，并对理论体系的发展进路进行阐述分析。

一、全过程人民民主理念的提出

2019年11月2日，习近平总书记考察上海市长宁区虹桥街道，在上海古北市民中心听取社情民意直通车开通情况以及服务基层群众参与立法工作的介绍。在全国人大常委会法工委基层立法联系点，习近平总书记深切地讲道："大家立足社区实际，认真扎实开展工作，做了很多接地气、聚民智的有益探索；人民民主是一种全过程的民主，所有的重大立法决策都是依照程序、经过民主酝酿，通过科学决策、民主决策产生的。"

这是"全过程的民主"理念的第一次明确提出与论述，具有里程碑式的意义。习近平总书记对我国人民民主的发展规律做出了深刻总结，以"全过程的民主"作为高屋建瓴的概括，为中国的民主政治发展指明了道路。由此，上海成为这一重大理念的首提地。

二、全过程人民民主理念提出的时代背景

（一）新时代以来党对社会主义民主政治的深化探索

进入新时代以来，中国共产党从理论和实践方面持续促进人民民主的发展进步，从各层面、各领域全面不断完善和创新民主的制度、机制、流程设计，持续推进着人民民主的进步。具体而言，国家机关与政府部门全力推动治理体系与治理能力现代化改革，致力于实现人民意愿的最大化表达，使得民众不仅具有民主投票权，更能够广泛参与国家治

理。[①] 同时，人民的监督权得到了发展与改善，各领域公权力的行使都得到了监督机制的制约。国家的重要制度不断得以改善，使得人民民主的涵义更加明确，渠道更加明晰，机制更有保障，人民民主取得了历史性的进展，而在长期是探索中，人民民主已经进入了以“全过程”为特征的全新的发展阶段。

（二）我国基层民主长期而深厚的实践基础

“全过程的民主”重要论断的提出，是党在新时期进行人民民主工作的长期探索和持续促进的结果，更离不开基层人民民主经验的积累。同群众集体利益有关的治理政策和实施大多在基层之中，人民当家作主的理念也在这里得到鲜明体现。

习近平总书记提出这一论断时正在对基层立法协商工作进行调研，这一工作成为我国基层协商民主的重要实践典范。2015 年，中共中央印发了中国特色社会主义协商民主发展的纲领性文件《关于加强社会主义协商民主建设的意见》。文件对于立法协商的形式与内容创新进行了积极指引，促进基层人民代表大会进行各种创新以达到更好的协商效果，基层民主建设也由此展开了长期的探索。

基层立法联系点切实将人民群众的力量结合到民主政治的有效参与中来，增加了广大人民群众当家作主的积极性与热情。既实现了党和国家意志在基层的有效传达落实，也实现了广大人民群众意见诉求的反映

① 《习近平关于社会主义政治建设论述摘编》，中央文献出版社 2017 年版，第 64 页。

与表达，是党贯彻群众路线的生动有力的实践。通过基层立法联系点的设定，立法工作最大程度缩短了群众表达意见的流程，减少了群众反映意见的壁垒，使得立法工作能够更好地集中人民智慧，反映人民意愿，共同体现了民主的基本体制特征与优越性，让人民民主得到了真切表达。因此，全过程人民民主是在我国基层民主长期而丰富的实践基础中孕育产生的。

三、全过程人民民主的理论发展进路深描

（一）党的十八大以来人民民主理论发展

在中国共产党人民民主理论，特别是党的十八大以来习近平总书记关于人民民主的阐述中，“全过程”的理念、特征、深刻意义一直蕴含其中。[①]党的十八大以来，党中央坚持以人民为中心，不断发展完善中国特色社会主义制度，对发展中国特色社会主义民主政治进行了全面的理论探索与创新，积淀了一系列重要理论成果。

明确了人民民主的真谛。实行民主的前提是准确把握民主的本质与真谛，不能含糊不清、流于形式。党的十八大以来，人民民主理论发展为全过程人民民主的实现发展确立了方向与标准，即真正实现人民当家作主，由广大人民来共同参与，形成共同意志，从而实现人民事业的开创与治理。正确掌握了人民民主的本质，就有助于确定民主的根本要求，为全过程人民民主重大思想的建立确立了锚点。

① 董树彬：《党的十八大以来全过程人民民主的理论创新与实践成就》，《湖南科技大学学报》（社会科学版）2023 年第 2 期。

论述了社会主义协商民主的地位与发展要求。党的十八大以来，人民民主理论将中国协商民主有别于西方协商民主的重要优越性进行深入的阐释区分，中国的协商民主有着不同的发源、基础与逻辑，有更加真切的地位与作用。协商是人民民主的重要表达渠道，政府必须深入地拓展协商范围到社会各个层级领域，并利用专门的协商组织、渠道与制度予以保障，使广泛人民的共识与意志能够在国家治理中得到充分表达。明确中国特色社会主义协商民主的地位与发展要求，对人民民主的特点作出了阐释，也对其构成要素与实践要求进行了有机的统筹。

突出了人民民主的特有优势。党的十九届四中全会报告对我国国家体制的显著优势进行了高度总结，“坚持人民当家作主，发展人民民主，密切联系群众，紧紧依靠人民推动国家发展的显著优势”就是其中的重要方面。①这表明有别于西方，我国人民民主的显著优势，在于是紧密结合我国国情的真实的、管用的民主。②人民性是中国社会主义国家政权的基本定位。③

强调了中国特色社会主义人民民主的真切性与实效性。党的十八大以来，人民民主理论对人民民主建设提出了明确要求，与西方民主形成了鲜明对比。人民当家作主，就要求人民民主权利要得到落实，人民要

① 《中共中央关于坚持和完善中国特色社会主义制度　推进国家治理体系和治理能力现代化若干重大问题的决定》，人民出版社 2019 年版，第 3 页。

② 董树彬：《全过程人民民主的特色与优势》，《马克思主义研究》2021 年第 12 期。

③ 刘九勇：《全过程人民民主的传统思想渊源》，《政治学研究》2021 年第 4 期。

完整与全过程地行使民主权利。既要行使选举权，也要行使决策权、管理权、监督权、协商权等职权，保证人民民主的真实性与彻底性。这些权利的行使要有相关制度与机制作为保障，落实为实实在在的效果与效能。①

综合上述理论的发展进路，自党的十八大以来，中国共产党从理论认识与具体实践上有力地推动了中国人民民主的建设发展，在理论认识上达到了新的高度，在具体实践中取得了丰硕的成果。全过程人民民主正是在理论认识的不断深化与具体实践的持续积累中形成的最新认识与理论成果，是对人民民主的特点和要求的深刻把握，强调了人民在民主中的主体地位，强调了“全过程”的重要特性。

（二）全过程人民民主理念的正式提出与理论展开

2019 年，全过程人民民主理念首次提出后，多次被写入法律及党和国家的多个重要文献中，成为党和人民的政治生活以及国家法律话语体系的标识性概念，并在各种文件中不断得到发展与完善。在法律法规方面，2021 年 3 月，“全过程民主”写入人大代表组织法与议事规则的“一法一规则”。同年 7 月，习近平总书记在庆祝建党一百周年大会上的重要讲话中，提出要“发展全过程人民民主”，这一理念正式成为新征程的重要要求和目标。同年 11 月，在党的十九届六中全会通过的《中共中央关于党的百年奋斗重大成就和历史经验的决议》重要决议中，在

① 赵永红：《全过程人民民主：理论逻辑与制度路径》，《行政论坛》2022 年第 1 期。

重大成就与历史经验等部分多次论及“全过程人民民主”，这一理念也成为“十个明确”中的重要内容。

全过程人民民主理念在多次阐释中不断与时俱进、发展完善，是中国道路自信的体现。这一理念是党团结带领全国各族人民对人民民主的真谛进行不断求索的经验累积的必然成果，是党在中国民主政治建设中矢志不渝地推进理论与实践创新的硕果。①

（三）全过程人民民主理论的系统论述

2022 年 10 月，党的二十大报告深刻总结了全过程人民民主的理论成果，对其进行了全面阐释。全文九次论及这一理念，其中，第六部分“发展全过程人民民主，保障人民当家作主”对这一重大理念的重要依据、基本性质与工作要求等进行了系统的论述，发展这一理念正式成为中国式现代化本质要求的重要内容②，为进一步发展指明了方向。党的二十大还通过了《中国共产党章程（修正案）》，将对全过程人民民主的相关要求与具体内容、程序等载入党章。

党的二十大报告系统建立起了全过程人民民主的理论体系，促进了全过程人民民主理论进一步成熟定型。党的二十大报告之后，在党和国

---

① 《〈中国的民主〉白皮书（全文）》，中华人民共和国国务院新闻办公室，http://www.scio.gov.cn/ztk/dtzt/44689/47513/47521/Document/1717215/1717215.htm，2021 年 12 月 4 日。

② 习近平：《高举中国特色社会主义伟大旗帜　为全面建设社会主义现代化国家而团结奋斗——在中国共产党第二十次全国代表大会上的报告》，中国政府网，https://www.gov.cn/xinwen/2022-10/25/content_5721685.htm，2022 年 10 月 25 日。

家的系列方针政策与精神中，全过程人民民主理论持续地得到发展和完善，展现了这一理论强大的生命力与鲜明活力。

第二节　人民城市践行全过程人民民主理念的现实意义与理论价值

“人民城市”与“全过程人民民主”同为城市治理的重要理念，二者在价值指向上具有高度的一致性，在治理实践中具有高度的耦合性。本节首先回顾两大重要理念的提出，继而分析二者在理论与实践上的双重耦合，对全过程人民民主的制度优势赋能提升人民城市建设的治理效能的内在机理进行阐发。

一、从“人民城市”“全过程人民民主”首提地到最佳实践地的重大需求

（一）上海：“人民城市”“全过程人民民主”两大重要理念的首提地

上海市同样是习近平总书记“人民城市”重要理念的首次提出地。2019 年 11 月，习近平总书记在杨浦区滨江公共空间调研时，提出“城市是人民的城市，人民城市为人民”的执政思想，明确在城市治理的方方面面，都要秉持以人民为中心的原则。多年来，上海坚持以人民对美好生活的向往为目标，坚持提高城市治理的能力与水平，在城市治理中做到像绣花一样精细，在促进市民生活品质、城市治理高效、人居环境优美等方面取得了一批重要成果。

人民城市和全过程人民民主是习近平总书记关于我国城市治理和民主政治的两个重大理论概括。上海作为新时代两大重要理念的首次提

出地，如何在建设“人民城市”的过程中推动“全过程人民民主”，如何以“全过程人民民主”实现城市治理“人民性、有效性与参与性”的价值融合与显现，是上海城市发展与治理过程面临的重大理论与现实命题。

（二）打造最佳实践地的先进目标

“全过程人民民主”重大理念与“人民城市”重大理念都彰显了“坚持人民至上”的价值追求，将“人民”作为理念的核心词汇，将“人民利益”作为理念的基本出发点与落脚点。2023 年 3 月 8 日，十四届全国人大一次会议上海代表团小组会议中，中共上海市委书记陈吉宁指出，要将全过程人民民主充分融入人民城市建设[①]，这就将全过程人民民主与人民城市建设两大重要理念有机地统筹在一起，提出打造最佳实践地的目标，为上海城市的治理与发展提出了新的目标与要求。

那么，人民城市建设与全过程人民民主的体制机制创新如何相互连接？如何在人民城市建设中贯彻好全过程人民民主，怎样以全过程人民民主推动好人民城市建设？从这些问题出发，进行理论阐发与实践设计，是对“坚持人民至上”价值追求的一以贯之，更是两个重大理念的丰富与发展，这对于作为两个重大理念双重“首提地”的上海，在建设发展中继续走在前列，打造双重“最佳实践地”，具有十分重要的意义。

---

① 王海燕：《把全过程人民民主融入人民城市建设》，《解放日报》2023 年 3 月 9 日。

二、人民城市与全过程人民民主的理论和实践耦合

（一）全过程人民民主是人民城市建设的应有之义

人民城市与全过程人民民主在理论上具有高度的内在耦合性。从全过程人民民主的实践经验来看，它通过价值层面的民主与民生相结合；体制层面的选举民主与协商民主相结合以及治理层面的政治过程与行政过程相结合，推动政治合法性与治理有效性的共生共荣。这与人民城市建设的核心要义——人民城市人民建、人民城市为人民，在价值指向上具有高度一致性。

因此，有必要从理论阐释与建构的角度，对全过程人民民主与人民城市的基本内涵、理论基础及规范要求进行学理阐释，并在此基础上对比较三种理论语境下的全过程人民民主的理想形态，即国家治理、城市治理和社区治理三个层次的全过程人民民主，进而从理论建构的角度对人民城市建设过程中的全过程人民民主理想形态进行学理分析。

（二）全过程人民民主制度与人民城市治理属性的实践耦合

与西方代议制民主的“重形式，轻结果；重制衡，轻合作；重自由，轻平等”等特性相比，全过程人民民主理论重新确立了人民的主体地位，并且从理念层面确保这一地位在程序与实践中的体现，包括通过合作理念取代制衡理念，通过一致原则取代竞争原则。从理念高度对民主客体实现了全覆盖，对民主机构提出了全方位的要求，对民主程序提出了全链条的要求。全过程人民民主既注重人民民主的程序性，也注重人民民主的实质性，以实质性为标准更新民主程序，通过民主程序保障

民主实质，为人类政治文明创造了新的形态。全过程人民民主不仅具有民主制度的价值属性，而且具有建立在生动实践过程中的治理属性，是一种兼具政治与治理功能的治理工具。可见，全过程人民民主的治理样态具有复合型特征，在主体上体现为国家与社会的复合；在过程上体现为民主各项具体职能行使过程的复合；在功能上体现为政治、行政、治理与服务的复合。

因此，锚定全过程人民民主的制度与治理属性的实践耦合性具有重要的研究价值。通过分析上海“人民城市”建设过程中全过程人民民主实践的典型案例，对全过程人民民主的制度设计、机制创新与治理效能进行经验归纳与学理分析，提炼全过程人民民主赋能人民城市建设的具体路径。

（三）以全过程人民民主的制度优势提升人民城市建设的治理效能

民主作为一种国家治理形式，不仅是一种孤立存在的抽象的理念或价值观，更通过民主制度的实践体现和运作而具有实际意义。民主的可持续发展源于民主制度在国家治理中发挥的功能。民主制度为国家提供了有效的治理机制，使得政府能够更好地履行职责、回应民众需求。可见，全过程人民民主不但是中国特色社会主义制度体系的重要内容，同时也是一种要素多元和形态多样的治理工具，其运作情况和效用的发挥水平表征着人民民主的制度绩效，影响着中国之治的制度优势向治理效能转化的最终成效。①

① 樊鹏：《全过程人民民主：具有显著制度优势的高质量民主》，《政治学研究》2021 年第 4 期。

因此，有必要通过分析上海“人民城市”建设过程中全过程人民民主实践的典型案例，揭示城市和社区治理层面的全过程人民民主治理形态的实践逻辑、运作机制和治理功能，并在此基础上对全过程人民民主的制度绩效与治理效能的转化路径进行归纳总结。

第三节　超大城市全过程人民民主的治理价值

习近平总书记提出，要探索具有中国特色、体现时代特征、彰显我国社会主义制度优势的超大城市发展之路。要提高城市治理水平，推动治理手段、治理模式、治理理念创新。① 随着城市化进程的加速，超大城市作为新兴的城市样态成为全球范围内的治理新挑战。在这一背景下，全过程人民民主重大理念对超大城市具有重要的治理价值。本节将深入探讨超大城市的治理难题，并对全过程人民民主如何发挥独特的治理价值，促进超大城市治理提能升级展开分析。

一、超大城市的全过程人民民主议题

超大城市治理是当今世界面临的普遍性难题，风险社会、迭代社会带来一系列棘手问题和复杂问题。超大城市是中国城市体系的龙头和枢纽，其治理水平不仅辐射影响整个区域的经济政治发展，更成为国家治理能力与治理体系的重要组成部分。在上海等超大城市，“全过程人民民主”理念的实践为城市治理提供了治理效能的提升，为破解超大城市

---

① 《学习语丨人民城市人民建、人民城市为人民》，党建网微平台微信公众号，2023年2月27日。

专有治理难题，创新符合其特征与规律的治理新路径提供了新的视角。

基于学理分析与经验吸纳，探索超大城市的全过程人民民主议题，既通过全过程人民民主为超大城市治理提供价值引领、实践载体与治理工具，也通过超大城市丰富了全过程人民民主在不同城市样态中的制度设计与实践路径，实现了全过程人民民主与超大城市治理在治理中互动赋能。对集中攻关中国超大城市治理的现实难题，提炼超大城市治理的中国模式，进一步丰富中国特色社会主义民主理论体系与实践经验具有重要的意义。

二、超大城市的治理难题

超大城市具有复杂巨系统的本质特征，意味着超大城市是多种要素相互聚合、转化、迭代的有机生命整体。它无法被拆解为独立的子系统，也不是多个治理单元的简单相加。随着城市的规模扩大，其治理难度也呈指数级上升，并展示出高度复杂性、流动性和不确定性并存的特征。结合中西学术界城市研究理论和中国超大城市的治理经验分析，超大城市的复杂巨系统特征表现在以下四个方面：

第一，巨型城市。超大城市的巨型规模不仅体现在地理尺度巨大，而且其管辖的基础设施、人员数量以及由此形成的城市社会关系也极为庞大繁杂。巨型城市的特征意味着巨量的治理任务，在当前中国超大城市治理的体系中，基层治理和服务前端存在着较明显的能力缺口，难以实现事无巨细的全方位管理。

第二，复合城市。超大城市是多元复杂的复合体，具有较强的内部异质性。超大城市拥有高度发达的现代化城区、快速城市化的结合部以及部分农村地区的不同板块；是金融区、商业区，工业科技园区、庞大居住区的组合；包含诸如森林草木湖泊河流山地等复合的地质生态。这意味着超大城市治理需要解决不同类型问题，牵一发而动全身。在目前的城市治理体系下，容易出现治理缝隙和治理冲突现象，亟需从整体性上谋划城市治理系统，实现多元目标。

第三，流量城市。超大城市的人口、资源、信息等要素快速流动和汇聚碰撞，激发巨大的活力优势。但是，超大城市的高速流动性也带来了治理不确定性的难题。传统的治理方案容易反应滞后延误时机，难以适应城市统筹发展与安全的需求，亟需能够“以快制快”的敏捷型治理是防范重大风险的重要方案。

第四，共生城市。超大城市规模巨大、地位突出，是一个相互支撑和相互依存的治理共同体。当前中国超大城市以“人民城市”为标杆，提升城市居民的满意度、参与度，使市民与城市共融共生。要求治理方式的转变，最终实现居民安全感、幸福感和获得感的总体提升，最终建设成为共生共存共享的共同体。

以上超大城市复杂巨系统的特征，引致了超大城市治理的系列难题，主要体现在巨型城市的治理盲区问题、复合城市的管理缝隙问题、流量城市的治理延宕问题、共生城市的共识难题等方面。在这些复杂性难题的治理过程中，面临着各种治理方式与治理理念的权衡。上海是中国现代化的“城市样本”，在城市治理理念与水平上处于全国前沿，在超大城市治理中所面临的问题也在全国缺乏可以借鉴的经验。“人民城市”与“全过程人民民主”两大理念为上海持续发展城市治理理念、创新城市治理实践，解决超大城市发展的复杂性难题提供了重要的引导。上海对此的有益探索同样能够为国内其他超大城市治理中的共性问题提供重要的经验参考。

三、破解超大城市治理难题的有效路径

全过程人民民主以人民性实现了超大城市治理难题的价值整合。超大城市治理的目的与价值归属，是建设基于超大城市的“人民城市”；超大城市治理难题的破解路径，需要基于“全过程人民民主”的制度优势。人民是城市发展的核心要素。为实现中国特色超大城市治理现代化，应当始终以人民为中心，持续推动各项民生工程的有序推进，不断提升城市基础设施的便利性，补足公共服务供给不足和不均衡的短板，着力化解制约人民美好生活需求的深层次矛盾和问题，为人民创造更美好的生活。超大城市治理就是要以人为本，推进以人为核心的人民城市建设，着力推进解决巨系统所具备的大流量交通拥堵、多需求导致资源紧缺、多状况导致风险增大等系列难题，践行“人民城市人民建，人民城市为人民”的理念，解决人民关心的问题，改善人民的生活品质，确保人民的利益得到充分保障。只有在人民的共同努力下，才能实现城市治理的现代化，让城市成为人民的幸福家园。

全过程人民民主治理理念与超大城市治理具有契合性，能够为超大规模“人民城市”治理提供有效形式与整合机制。全过程人民民主具有

丰富的实践样态，通过人大和政协的制度环境和制度空间，超大城市能够充分开辟收集与分析社情民意的工作机制，丰富民情反映的“毛细血管”，弥补治理脱节与结构单一带来的管理缝隙。全过程人民民主具有广泛性，通过协商民主的机制环节设计，超大城市能够构建起广泛深度的公众参与机制，以线上线下参与渠道的同频共振，破解被动治理与经验应对型治理带来的治理延宕。通过构建党委驱动、人大政协主导、政府支持、民众深度参与，形成多元共建的民主新格局，破解超大规模城市共识水平低的难题。

全链条、全方位、全覆盖式的全过程人民民主能够破解超大城市所存在的复杂性、流动性、不确定性等治理难题，具有高度的治理价值。通过全过程人民民主建设中价值引领、理念更新、机制和流程的重塑，有效赋能于超大城市的治理之中，不仅是发展全过程人民民主本身的使命任务，也是提升城市治理能力与治理水平现代化，提炼超大城市治理中国模式的重要环节。

第二章

超大城市全过程人民民主的实践版图

随着城市化进程的加速和超大城市的崛起，如何有效实施全过程人民民主成为当代社会治理的重要课题。在超大城市这个巨大而复杂的社会环境中，探索全过程人民民主的实践路径，既是对现有政治体制的深化改革，也是保障公民权利和推动社会进步的重要探索。

本章将围绕全过程人民民主的理论体系、上海超大城市的创新体系与机制设计及其在创新中出现的问题，分析和总结经验与教训，旨在为城市治理者、研究者和公众提供一个全面了解和深入思考的参考。

第一节　全过程人民民主的系统分析

人类历史发展的进程表明，人类社会政治文明形态是丰富多元的，在中国特色社会主义政治制度运行下，必将催生出新的更高级的人类政治文明形态。中国共产党自成立以来，就高举人民民主的伟大旗帜，为实现人民当家作主进行了不懈的努力与探索，先后提出了“工农民主”“人民民主”“新民主主义”等民主概念。全过程人民民主，是中国共产党带领中国人民在实践探索中的智慧结晶，是人类社会民主形态的新发展，是人类政治文明发展的新跨越。习近平总书记在中央人大工作会议上深刻阐述了全过程人民民主的内涵："我们要继续推进全过程人民民主建设，把人民当家作主具体地、现实地体现到党治国理政的政策措施上来，具体地、现实地体现到党和国家机关各个方面各个层级工作上来，具体地、现实地体现到实现人民对美好生活向往的工作上来。"① 全过程人民民主概念的提出，丰富和发展了人类社会的民主形态，是人类社会政治文明的新形态。

全过程人民民主是全方位的，不应仅仅局限在某一个领域、某一项工作、某一个阶段或某一个部门。习近平总书记指出："古今中外的实践都表明，保证和支持人民当家作主，通过依法选举、让人民的代表来参与国家生活和社会生活的管理是十分重要的，通过选举以外的制度和方式让人民参与国家生活和社会生活的管理也是十分重要的。"② 延安时期，中国共产党就批判过把选举当作民主问题核心的错误观点，"选举只是民主的形式之一，只是民主的一个方面，单单只有选举一项，并不能成为真正的民主主义的"③。不同于西式的"选举民主"，中国式现代化的全过程人民民主不仅体现在以人民代表大会为主的选举民主，更全方位地体现在社会管理的方方面面。

---

① 习近平：《在中央人大工作会议上的讲话》，《求是》2022 年第 5 期。

② 习近平：《在庆祝中国人民政治协商会议成立 65 周年大会上的讲话》，中国政府网，https://www.gov.cn/xinwen/2014-09/21/content_2753772.htm?eqid=c3811a7c00022396000000066468ae4f，2014 年 9 月 21 日。

③ 中共中央文献研究室、中央档案馆：《建党以来重要文献选编（1921—1949）》（第 20 册），中央文献出版社 2011 年版，第 16 页。

为了确保和实现人民当家作主，我们致力于发展全过程的人民民主。为此，我们不断完善和发展民主制度体系，包括人民代表大会制度、中国共产党领导的多党合作和政治协商制度、民族区域自治制度以及基层群众自治制度。这些制度的改进和强化，旨在确保人民在民主选举、民主协商、民主决策、民主管理和民主监督等一系列程序环节中能够真正作主。只有坚持人民当家作主，我们才能充分保证全过程人民民主的“全面发展”和“全过程民主”。

全过程人民民主作为一种中国特色的民主理论，首先必须将之置于民主理论的视阈下，找到其在民主理论中的位置。同时，全过程人民民主在政治制度体系和国家治理现代化中的地位和作用也决定了全过程人民民主多层次、全方位的特性。

一、民主理论视阈下的全过程人民民主

马克思主义民主理论为全过程人民民主提供了理论基础。一方面，全过程人民民主坚持民主的真正意义在于人民当家作主，深刻体现了社会主义民主的核心特征。正如习近平总书记指出：“我们必须始终坚持人民立场，坚持人民主体地位，虚心向人民学习，倾听人民呼声，汲取人民智慧，把人民拥护不拥护、赞成不赞成、高兴不高兴、答应不答应作为衡量一切工作得失的根本标准，着力解决好人民最关心最直接最现实的利益问题。”① 另一方面，全过程人民民主创新了社会主义民主的制

① 《习近平谈治国理政》第三卷，外文出版社 2020 年版，第 142 页。

度体系，丰富了社会主义民主的实践路径，解决了在超大规模国家实现人民当家作主的问题。

在中国共产党领导下，民主政治建设的实践不断将生动的民主经验转化为创新性的民主理论。中国社会主义民主政治中独特、独有的民主形式是协商民主。协商民主并非西方引进的概念，而源于中华民族深厚的传统，协商在中国政治生活和社会生活中扮演着重要角色。中国自古以来就注重协商，“有事好商量”是中国人普遍遵循的交往模式。就规模与民主的关系而言，中国作为一个超大规模国家更适合有序开展协商民主。基层协商是社会主义协商民主的重要组成部分，协商民主在小规模团体中能够更有效地展现其效率和功效。社会生活中的问题通常存在于基层，涉及不同的小规模群体。在这些小规模群体中引入协商民主，可以通过理性审慎的沟通交流凝聚共识，达到人人满意的“最大公约数”。如果将这种做法推广到每个社会单位，那么民主就会成为整个社会的风尚。从协商民主的形式和问题解决能力来看，基层协商治理具备灵活多样的形式，适用于社会生活中各种复杂问题的解决。基层协商治理已成为中国基层治理创新的重要内容，不同地区和社区根据自身条件和资源，设计出各具特色的协商机制，建立了独特的协商平台。这些机制和平台可以通过制度化操作解决基层公共事务，也可以以非制度化方式回应人们在生活中的关切。因此，这种灵活性使得民主能够灵活解决各种问题，保证了民主在社会生活中的可持续发展。

中国的全过程人民民主是对马克思主义民主理论的继承与发展。马克思、恩格斯说过：“民主是什么呢？它必须具备一定的意义，否则它就不能存在。因此全部问题在于确定民主的真正意义。”① 全过程人民民主与西方主流民主理论存在显著差异。全过程人民民主坚守以人民为中心的价值理念，而不像西方主流民主理论那样虚化对民主价值的追问。全过程人民民主注重保障人民在民主进程中的全过程参与和完整性，而不像西方民主偏重于选举这一单一过程和间歇性的民主形式。因此，全过程人民民主被认为是最广泛、最真实、最实用的民主方式，已经超越了西方民主在实践中的治理失能。全过程人民民主的提出为消解西方民主霸权提供了理论支持。全过程人民民主凸显了中国式民主的特质，并直击了西方民主存在的弊病，这意味着在新时代，我国的民主话语体系日益成熟，其阐释能力有了质的飞跃。

在中国，全过程人民民主是指人民在国家决策过程中广泛参与和积极表达意见的权利。这一概念强调了人民在整个决策过程中的角色，包括问题的提出、讨论、决策和监督。中国的人民民主体现了对传统民主形式的超越和创新。它不仅仅是简单地通过选举产生代表，而是更注重人民的直接参与和集体决策。在中国，人民通过各级人民代表大会参与国家政权的管理，同时也通过社会组织和居民委员会等形式参与基层事务的讨论和决策。这种全过程的人民民主机制更贴近人民的需求，能更好地反映人民的意愿和利益。中国的全过程人民民主体现了对民主理论

① 《马克思恩格斯全集》第10卷，人民出版社1998年版，第315页。

的继承和发展。它将马克思主义民主理论与中国的实际情况相结合，形成了适合中国国情的民主模式。通过全过程人民民主，人民可以更直接地参与国家事务，发表自己的意见和建议，推动国家决策的科学化和民主化进程。

二、政治制度体系中的全过程人民民主

完善和构筑中国社会的政治体系模式的总则是不断扩大和加强社会主义的政治民主和社会民主，此乃社会主义政治发展的目标。[①]社会主义社会的建立旨在克服资本主义社会存在的政治弊病，其中包括形式民主和实质不民主的问题。中国式的民主政治模式既能最好地体现社会成员的权利与义务，又是一种有效的社会发展调控机制，这构成了完善的政治体系模式的核心内容。全过程人民民主将程序民主和实质民主相统一，体现了民主的全面性和真实性。列宁曾经指出：无产阶级民主是绝大多数居民即被剥削劳动者的民主，是最高类型的民主，它比任何资产阶级民主要民主百万倍。[②]

全过程人民民主的方向和任务是完善和发展社会政治体系。在制度保障方面，全过程人民民主依靠人民代表大会制度作为根本政治制度，并通过中国共产党领导的多党合作和政治协商制度、民族区域自治制度、基层群众自治制度等基本政治制度提供保障。在制度体系方面，我们建立了最广泛的爱国统一战线，全国人民依法实行民主选举、民主协

---

① 高民政：《中国政府与政治》，黄河出版社 1993 年版，第 7 页。

② 《列宁选集》第 3 卷，人民出版社 2012 年版，“说明”，第 13 页。

商、民主决策、民主管理、民主监督，形成了全面、广泛、有机衔接的人民当家作主制度体系。在制度形式方面，全过程人民民主实现了过程民主和成果民主、程序民主和实质民主、直接民主和间接民主的有机统一，确保了人民民主与国家意志相一致。

全过程人民民主的核心是提升政治制度体系的治理效能，而不是仅仅体现政党执政下的“民主表演”。民主不仅仅限于选举和政党竞争的过程，更重要的是通过有效的治理来满足人民的需求和解决社会问题。全过程人民民主注重公民参与和政府决策的透明性，在决策和治理过程中广泛征求公众意见，并将反馈纳入决策中。这样可以确保政府决策更具科学性、合理性，符合人民期望，从而提高治理效能。全过程人民民主关注治理效能的提升，强调政府决策的科学性和合理性，以满足人民需求和解决社会问题。它超越了简单的“民主表演”，追求真正民主治理，为国家和社会发展带来积极影响。

三、国家治理现代化中的全过程人民民主

全过程人民民主是中国式现代化的本质要求之一，其核心是以人民为中心，不以政党利益为中心，尤其强调要保障人民权利的充分实现。在全过程人民民主中，以民主运行全过程为中心，而非仅仅以选票和选举为中心，特别重视民主的具体实践过程和实现形式的多样性。习近平总书记在党的二十大报告中从经济、政治、文化、社会、生态和国际关系等维度阐述了中国式现代化本质要求的完整逻辑结构，而“发展全过程人民民主”就是中国式现代化在政治领域的本质要求，并指出：“我

国是工人阶级领导的、以工农联盟为基础的人民民主专政的社会主义国家，国家一切权力属于人民。人民民主是社会主义的生命，是全面建设社会主义现代化国家的应有之义。”① 这些论断精辟地揭示出中国式现代化与全过程人民民主的内在逻辑。

民主与国家治理紧密相关。民主的发展与国家治理的现代化相伴相生，相互作用，相互促进。② 中国国家治理规模庞大，人民当家作主的制度体系内含着各种不同功能和类型的民主模式，以满足大国治理的基本要求。纵向的民主制度体系贯穿各个层级，从顶层到基层都有人民群众通过选举代表来参与政治生活的民主，以及通过基层自治参与社会生活的民主。同时，社会生活中普遍性难题会向上反馈，使得民主在顶层设计和社会治理中共同发挥作用。这种双向互动的民主保障了大国治理所需的层次性，并激发了社会的活力。民主建设是一个系统工程，需要各个功能相互联动、要素紧密衔接，才能实现整体功能大于部分之和的效果。在这方面，社会生活中的民主和政治生活中的民主相互促进，共同推进了中国式现代化的进程。社会生活中的民主形式多样，机制灵活，为政治生活中的民主机制提供了新的方法和技术。而政治生活中的民主通过科学决策和人民当家作主制度体系建设的重大方针，为社会生

---

① 习近平：《高举中国特色社会主义伟大旗帜　为全面建设社会主义现代化国家而团结奋斗——在中国共产党第二十次全国代表大会上的报告》，中国政府网，https://www.gov.cn/xinwen/2022-10/25/content_5721685.htm，2022 年 10 月 16 日。

② 中华人民共和国国务院新闻办公室：《中国的民主》，人民出版社 2021 年版，第 30 页。

活中的民主建设提供了坚实的政治保障。国家治理现代化和全过程人民民主是密切相关的概念，两者相互促进和互为支撑。

中国民主的高质量，促进了国家治理的高效能，提升了国家治理体系和治理能力现代化水平。当公民参与广泛、权力行使受到有效监督、社会协调得以加强和政府管理高效时，国家治理将更加科学、透明、公正，从而更好地满足人民的需求，推动国家持续稳定和繁荣发展。首先，国家治理现代化旨在提升国家治理水平，实现高效、公正、透明的治理。这需要建立健全的制度体系，加强法治建设，推动政府职能转变和权力运行规范化。而全过程人民民主则是指人民在国家治理过程中参与决策、监督和评估的全过程。它强调广泛的民主参与和社会各方面的协同合作，以实现人民对国家事务的直接参与和管理的权力。全过程人民民主体现了民主政治的本质，为国家治理现代化提供了基础和保障。其次，国家治理现代化需要注重增强治理能力，包括政府和管理者的素质提升、决策科学性的提高等。而全过程人民民主的实践可以有效地发掘和利用智慧，凝聚广泛的民意，促进更科学、更有效地决策和治理。通过与人民的广泛互动和参与，国家治理现代化可以更好地顺应社会需求和民意，提高治理的针对性和适应性。最后，国家治理现代化和全过程人民民主都注重国际合作与经验借鉴。在国际层面上，通过学习和吸收其他国家的先进经验、推动全球治理体系的改革完善，可以为国家治理现代化提供宝贵的参考和支持。同时，全过程人民民主的实践也可以成为其他国家在民主治理领域借鉴的范例。中国的全过程人民民主体现了中国特色社会主义制度的优势和创新。这种民主模式通过充分发挥人民的主体作用，推动国家治理体系和治理能力现代化，为实现全面建设社会主义现代化国家的目标提供了坚实基础。

全过程人民民主在民主理论、政治制度体系理论、国家治理现代化理论中的地位决定了除了人民代表大会制度，还要注重基层民主、参政议政机制、职能部门参与、信息公开、权利维护、民意征集六个环节在全过程人民民主实践中的作用。

第一，人民代表大会制度是中国实现全过程人民民主的重要保障和实践平台。人民代表大会制度是中国特色社会主义的重要组成部分，它通过选举产生代表，实现人民在国家决策各个环节的参与，代表人民发声和行使权力，保障人民的合法权益和意愿得到有效代表和实施。

第二，基层民主作为全过程人民民主的基石，通过在基层单位建立起民主机制和参与平台，培养和推动人民积极参与全过程的民主实践。人民通过基层民主的实践，可以增加政策制定的代表性和民意的合法性，为全过程人民民主提供更加广泛和多元的参与基础。同时，全过程人民民主的发展也促进了基层民主的深化。通过推动各级人民代表大会的改革和议政建言制度的完善，加强人民对国家事务的直接参与和监督，为基层民主提供了更加有力的支持和保障。全过程人民民主的完善也可以反哺基层民主，使基层单位的民主实践更加制度化、规范化。

第三，参政议政机制和全过程人民民主共同构建了中国特色社会主义的民主政治体系。首先，参政议政机制通过人民代表大会制度，让人民通过选举产生代表，参与国家决策和议政活动。这种机制保证了人民在国家事务中发表自己的意见和建议，行使民主权利。其次，参政议政机制通过协商民主，建立了党委政府与各级人民政协之间的协商合作机制。人民政协作为中国的多党合作、政治协商的重要组织，为各民主党派、人民团体和无党派人士提供了参与国家事务的平台，推动广泛的群众利益得到充分表达。此外，参政议政机制还强调了群众自治的原则，通过基层组织和居民委员会等形式，鼓励人民在基层事务中发挥积极作用。

第四，职能部门的积极参与有助于推动全过程人民民主的发展，构建更加开放、透明和民主的政府治理模式。职能部门在参与全过程人民民主中发挥着重要的角色。它们通过倾听和吸纳人民意见、回应人民监督和反馈、加强与群众组织的合作等方式，促进了决策的民主性、合法性和科学性，确保政策和管理举措符合人民的利益和期待。

第五，信息公开是促进全过程人民民主的重要手段和保障，有助于民主决策的实践和发展。信息公开提供了人民了解国家决策和政策的渠道，也为人民提供了参与公共事务的平台，增强了人民对政府工作的监督能力。

第六，权利维护是全过程人民民主的重要保障和基础。权利维护通过法律和制度的保障，为人民提供救济途径。当人民的权利受到侵犯时，他们可以依法维权，通过诉讼、申诉、上访等途径来维护自己的合法权益，促进全过程人民民主的实现。它确保人民能够自由行使相关权利，并通过法律和制度为人民提供维权途径，从而促进全过程人民民主的实践和发展。只有在权利得到充分维护和保护的前提下，人民才能真正参与决策、监督政府，并推动民主决策的科学性和合理性。

第七，民意征集是实现全过程人民民主的重要环节之一。民意征集作为一种重要的参与方式，有助于实现全过程人民民主的目标。它促进政府与人民之间的沟通和互动，提高决策的科学性和合理性，增强人民的参与感和认同感，并为政府决策提供有效的参考和依据。

第二节　全过程人民民主的创新体系与机制设计

本节介绍了上海全过程人民民主的实践，重点关注了不同领域中的创新体系与机制设计。通过对人民代表大会制度、基层民主、参政议政机制、职能部门参与、信息公开、权利维护和民意征集等方面的探索和研究，我们深入剖析了超大城市中各项民主机制的创新之处，以及相应的工作机制。通过对这些方面的深入研究和案例分析，本章旨在为超大城市全过程人民民主的实践提供具体的指导和借鉴，推动城市治理的民主化、法治化和科学化进程，以实现城市的可持续发展和社会的和谐进步。

一、人民代表大会制度的创新体系与机制设计

（一）人民代表大会制度创新之处

1. 人大代表进社区

为更好地联系人民群众、及时倾听群众呼声、掌握一线社情民意信

息，上海市深化“人大代表进社区”活动。一是建设与完善人大代表之家站点。站点内经常性举办平台活动，与人民群众面对面沟通、直接听取群众呼声，同时，配套建设“家站点”网络平台，线上线下一体化收集基层民生的热议矛盾与重点问题。对于人民群众关切的问题，人大代表及时予以回应，形成高效、便捷的处理反馈机制，尽快解决公众“燃眉之急”。二是人大代表积极宣传党的路线方针政策等。上海各级人大代表走进社区，根据需求，前往不同的地点，了解相关政策的落实情况，向人民群众科普与详细解读相关法律制度。同时，开展多样化的趣味活动，在娱乐过程中提升群众对于法律法规的了解度及对政策的认同度。三是开展座谈会，人大代表与居民代表直接沟通，完整记录群众所说、所见、所闻。对于顽固问题，人大代表及时反馈解决方案，对于新问题，人大代表予以重视并尝试寻找可供复制与推广的优良解决之方。

2. 基层立法联系点的设计与完善

全过程人民民主强调不同的主体参与人大立法的全流程。党的二十大报告指出：“健全吸纳民意、汇集民智工作机制，建设好基层立法联系点。”上海市推进基层立法点的设计与完善，致力于在法治轨道上运行全过程人民民主。主体上，上海市基层立法点集结了一批人才队伍，邀请不同成员加入民主立法队伍中，建设一支精干有力的法律智囊团；程序上，基层立法点分阶段开放公民参与民主立法全流程。在立法规划阶段，上海市基层立法联系点精细化设计意见征询方案，组织召开论证会、座谈会、听证会，开展立法调研等，广泛征集群众与一线工作者的意见与建议信息；在法案起草阶段，充分发挥基层立法点智囊团的专业能力，征集法学专家、检察官等的建议，立法联系点再将反馈报送立法机关，推动法律起草的民主化、科学化与专业化。法律出台后，基层立法联系点将实时跟进相关普法教育活动，组织开展法律进社区、企事业单位的普法活动，利用不同的讲述方式，向公众生动解释法律与公众日常生活间的关系，提高法律知识普及度、提升社会法治氛围。基层立法联系点制度保障了人民群众依法有序参与立法，推进了人大立法朝向民主化、科学化方向进路，“立法直通车”承载全过程人民民主加速度式前进。

3. 推广民生实事项目人大代表票决制

民生无小事。在坚持以人民为中心的发展思想引领下，上海各区实行民生实事项目人大代表票决制，充分发挥人大代表主体作用，支持和保证了人大依法行使重大事项决定权、监督权，健全工作协调机制，是推进全过程人民民主的一项重要创新实践。一是广泛征集民情民意，民主化筛选民生实事项目。贯彻执行习近平总书记提出的“丰富人大代表联系人民群众的内容和形式”，上海各区人大常委会调动区人大及常委会各委室的力量，实地调研寻访民生实事项目进程，同时，通过门户网站、电视、报纸等多渠道广泛地、有针对性地征集社会与一线工作单位关于下一年度的民生实事项目意见，保证民生实事项目的确定与开展不是政府部门单方拍板，而是由“群众点单定制”，保障民生实事项目清单从源头上实现民主化。二是人大代表对区人民政府的民办实事候选项目进行无记名投票表决，清除顽固扎根于居民生活空间的“污渍”问题、清新美化居民生活物质与精神空间的民生项目，是群众所想、所愿、所盼，通过审议与票决，选出下一年度民心工程项目、暖心实事项目，精准实现政府下一步工作计划与内容和群众利益与呼声的连接。三是各区人大常委会对区政府实时追踪、全程跟进，监督区政府民生项目实施情况，包括前往现场视察随机性抽查民生实事项目建设情况，开展本年度民生实事项目专题评议工作，评估上一年度民生实事项目工作绩效等，确保人大代表对民生实事项目事前、事中、事后全过程监督，践行全过程人民民主。

4. 打造上海人大数字化媒体平台

顺应数字化时代发展需求，上海人大通过科技手段，打造数字化、智能化履职平台与媒体传播平台，提升人大立法、监督、代表的工作效能。一是按照“立足人大、面向社会，立足上海、面向全国，立足时事、史论结合”的目标定位，上海人大与上海报业集团澎湃新闻网合作设计“人大头条”，遵循人大代表的权利与义务，将其打造成为集学习宣传、思想引领、互动交流功能于一体的上海人大平台型主流媒体。二是运用信息技术，克服过往人大面临的履职条件差、履职积极性弱、履职保障性低等难题，上海人大创新式设计“数通人大”，依托数字技术力量延伸人大工作空间至网络平台，超时空限制、持续性、长效性地面向人大代表、机关干部，服务广大市民群众，贯通市区街镇人大工作全流程节点，赋能上海人大履职质提效增，理性有效完善人民代表大会制度，保证人民当家作主。

（二）人民代表大会制度工作机制

1. 精细征集机制，重视微小呼声，坚持贯彻以人民为中心的价值基点

全过程人民民主核心在于参与主体全，借助群众路线，普通民众、工人、专家学者、社会精英等皆能通过合法渠道，有序地参与决策前、中、后全流程。人民代表大会制度使人民当家作主成为现实，上海人大代表在立法、决策等工作中密切联系群众。一是建立人大代表联系人民群众的系列制度。习近平总书记指出："评价一个国家政治制度是不是民主的、有效的，主要看国家领导层能否依法有序更替，全体人民能否依法管理国家事务和社会事务、管理经济和文化事业。"①全过程人民民主诠释了中国的民主绝非民主选举单一维度，人民群众神圣的权利并非靠选举赋予。在选举环节后，宏观至国家立法等，微观至小区物业优化、生活垃圾分类等政策的制定，公众都能切实参与其中，表达自我的利益诉求。上海市、区两级人大及常委会勇于创新、积极探索，建立与完善人大代表联系社区制度、每周代表联系选民日制度、人大代表接待日制度等，从制度层面保障全过程人民民主是无处不在、深入群众的真实民主。二是畅通民意征集渠道，构建民意表达新平台。上海市、区各

---

① 习近平：《在庆祝全国人民代表大会成立六十周年大会上的讲话》，中国政协网，http://www.cppcc.gov.cn/zxww/2019/09/16/ARTI1568590836559111.shtml，2019 年 9 月 16 日。

级人大代表组织开展座谈会、“人大代表论坛”与公众面对面交流，认真记录人民群众日常所遇困境、所烦大中小事、所盼美景，从中挖掘易被忽略、实则重要的民生各事，并以征集的“泥土”信息作为民生实事项目选定、评判的标准，以实际行动尊重与实现人民群众的每个利益诉求，充分体现人民当家作主。

2. 完善反馈机制，回应群众心声，健全全过程人民民主实践

全过程人民民主在时间上具有持续性、不间断性，民主并不因选举结束、政策颁布后进入休眠状态。“如果人民只有在投票时被唤醒、投票后就进入休眠期，只有竞选时聆听天花乱坠的口号、竞选后就毫无发言权，只有拉票时受宠、选举后就被冷落，这样的民主不是真正的民主。”① 上海人大建立健全代表反映群众意见和要求的处理反馈渠道，保证人民意见并不如水流散，形成“提出—反馈”的全流程闭环。一是价值依归，提升人大代表的代表意识。上海定期组织开展人大代表培训工作，培训人大制度基本理论知识，及代表参与常委会的执法检查、预算监督、信访工作等，遵循长远目标指导，逐步提升与夯实人大代表的责任意识感，使其从而内外，更积极、主动地履职，真正保证人民当家作主。二是规范反馈程序。上海人大代表通过小组活动、个人持证视察、走访深入群众后所获的信息，应及时、完整地对其进行规整与总结提炼，形成规范书面意见，反馈至代表工作机构。上海各级人大常委会的

① 习近平：《在中央人大工作会议上的讲话》，中国政协网，http://www.cppcc.gov.cn/zxww/2022/02/28/ARTI1646040352292439.shtml，2022 年 2 月 28 日。

代表工作机构接收并及时将代表反馈意见转交至职能部门办理，且检查督促相关职能部门在规定时间内真正落实相关意见，在规范的程序中推动全过程人民民主丝滑运转。

3. 强化监督机制，无盲区防范风险，最终回应人民对美好生活的需要

习近平总书记在中央人大工作会议中指出，权力运用能否得到有效制约和监督，是评价一个国家政治制度是不是民主的、有效的标准之一。① 上海人大强化监督机制，一方面，监督政府职能发挥，防范因政府失责行为导致的不良影响。上海人大有秩序地、流程规范化、时间连续性地对政府决策执行全过程实事跟踪并全程记录，通过组成不同领域的专业民生实事项目督查小组，全方位、无死角地对特定民生实事项目落实进程的专项监督，还原全过程人民民主的公共理性，保证以公共利益为基点，使得国家治理全流程都与人民群众的心声同频共振，助推全过程人民民主高效、平滑地运转。另一方面，人大代表自觉地接受来自人民群众的监督，上海市、区各级人大代表通过参加各项活动、向选民或原选举单位报告履职情况，或是依托新技术公布个人信息等，自觉接受人民群众的监督，保证监督权落实在人大全链条与全角度，落实“主权在民”的全过程人民民主的根本要求。

① 习近平：《在中央人大工作会议上的讲话》，中国政协网，http://www.cppcc.gov.cn/zxww/2022/02/28/ARTI1646040352292439.shtml，2022 年 2 月 28 日。

二、基层民主的创新体系与机制设计

（一）基层民主创新之处

1. 社区居民委员会和村民委员会

中国城乡基层群众自治日益发挥着推动社会主义民主政治建设与发展的重要作用。在既有的健全式组织体系、丰富的内容、多样化的形式下，上海的社区居委会和村委会进一步延伸基层群众自治的内在逻辑与外延进路，积极发挥中国民主发展的生长点作用。具体做法上，一是居委会拆小以精细化社区管理。一直以来，居委会不合理的冗杂人员规模拖累运作的灵活度，上海居委会开展“往小了拆”实践改革，尝试在更精细的规模中加强资源的集中、优化管理模式、释放自治张力。同时，根据各居委会所需配比基层社工，优化人员结构，打造形成居委会智囊团与智库；二是创新制度设计，为居委会行动增能。民生问题涌现于基层，且常常产生连锁反应、堆积在各社区中，给居委会的工作带来极重的外部压力。然而，居委会长期处于事权与财权不匹配的尴尬境地，想管也无能为力。上海基层民主创新探索出“约请制”，即该制度规范街道“叫得动”诸多政府相关职能部门与派出机构参加联席会议，会商共治属地疑难杂症、提升公共服务质效。上海村委会在发展基层民主中开辟创新式进路。从组织体系中，力破由村委会负责与管理的单方格局，而是以村委会为主导，联通企业、社会组织、村民资源共享、活动联办、合作共治。制度设计上，上海多地村委会创新式提出并推广“积分制”，项目涵盖农宅环境、田园环境等方面，积分考核人员由村干部、村组长和村民代表组成，视察并评判农户各项目的开展所能获积分，极大地调动了村民建设美丽乡村的参与感、热情与积极性。

2. 党建引领的自治三会制度

党建引领的自治三会制度是20世纪90年代末，上海市黄浦区五里桥街镇对基层民主自治的大胆创新与改革。具体来说，“三会”制度指的是以决策听证会、矛盾协调会、政务评议会为基本制度的民主管理方式。评议会制度中，评议主体包括街道、居委会与居民区成员。评议内容上，覆盖社区民生工作全领域：价值诠释上，评议会中，居委会组织居民代表对市、区有关工作精神的学习与落实情况进行总体性评估；议题选取与设置上，评议会着重关注基层治理“难点、堵点、痛点”，拟定诸如民政部门的社会救助、小区物业管理、维修基金等作为议题；形式上，评议会主采取综合评议与专题评议，对相关议题涉及的主体行为与实践绩效进行事后评价。协调会制度旨在通过协商沟通的方式解决居民区中特色与共性的公共事务，与评议会制度类似。流程上，协调会制度亦会拟定重点协商议题，涉猎公益性、社会性全方面民生议题。议题确定后，由街道、居委会联络相关职能部门与利益当事人，在协调与沟通中寻找化解小区矛盾的最优解。听证会制度与评议会制度不同，具有鲜明的事前管理特色，即政府相关部门、企业、社会组织等在真正开展群众性、社会性、公益性项目以前，委托居委会为联络人，会同居民区成员代表参加听证会议，发表涉及居民群众切身利益的重大事项的相关意见，并以此作为后续工作展开与完善的强有力参考依据。

3. 企事业单位的民主管理和参与

党的二十大报告指出："健全以职工代表大会为基本形式的企事业单位民主管理制度。"在习近平新时代中国特色社会主义思想的引领下，上海基层民主有计划、有步骤、循序渐进地精雕细琢企事业单位民主管理制度与模式、拓宽参与渠道，选择合适的方式打造上海特色基层民主方式。一是开展地方性工会法规修改工作，并率先完成，为职工能够有序依法参与企事业单位的管理与监督提供了强有力的保障。二是开展政府与工会联席会议，逐步建立健全市、区、街道（乡镇）三级政府与工会的联席会议相关制度。三是完善企事业单位的民主全过程，通过设立三层级职工代表大会、厂务公开机制、采用职工董监事等民主管理方式，贯通选举、协商、决策、管理、监督民主全流程。

（二）基层民主工作机制

1. 设计与搭建公民参与的平台，寻找全过程人民民主有效进路

公民能否有序参与政治生活是评判一个国家民主程度和民主绩效的重要标准。自党的十八大以来，以习近平同志为核心的党中央高度重视人民群众和群众工作，群众路线既包括领导干部到群众生活中去的自上而下的逆向参与路线，更表现为公众积极参与选举、决策、管理等政治全环节的正向参与路线。全过程人民民主在于人民群众能够广泛且持续地参与政治生活全过程。上海基层民主创新实践中设计与搭建公民参与的平台，一是公众通过参与座谈会、协商会、决策会等，直接参与民主决策事前、事中、事后全过程。公众在统一的平台与政府职能部门、社

会组织等其他治理主体直接沟通，在平台中更直接、广泛、频繁地发表意见，提出典型性与代表性的、与群众生活切实相关的、符合属地特色的意见，稳固人民群众利益主体的应然与实然身份，激发群众更广泛地参与公共事务治理的进程，树立主人翁精神，推动全过程人民民主的良性发展，释放除民主选举外的全过程人民民主活力。二是公众通过线上参与公共事务管理，通过社区热线电话、线上群众心声征集平台，超越线下参与的时间与空间限制。民主参与跨入网络空间，公众能够无间断地、随时性地参与政治生活，政府能够倾听与掌握一线群众呼声，弥补了过往全过程人民民主存在的“全”之缺憾与公众弱民主的体验感。

2. 自治制度与条例的标准化与精细化，夯实全过程人民民主的真实性

全过程人民民主根本不同于依靠政治家与利益集团缔结联盟、留给公众微小民主空间的民主，更不是依靠权财交易架构的空壳民主，而是真正以人民的福祉为价值基点的真实民主。上海基层民主的创新实践中，从应然、实践与评判三个层面设计制度，在制度的轨道上运行全过程人民民主，以规范性制度保障基层民主运向公共理性。一是完善实体性制度，从应然层面界定基层民主的实现形式，追求公众诚心而向的自治公约；二是修缮指导性制度，从实然层面规范化组织机构与队伍建设、工作运转、工作流程；三是补充评议性制度，警醒基层民主潜在的治理失序、价值流失、秩序混乱等问题。三方配套以成体系，根本杜绝基层民主悬浮于人民群众的实际生活之上。全过程人民民主具有完整的

制度程序[①]，不局限于由人民代表大会制度、中国共产党领导的多党合作和政治协商制度、民族区域自治制度和基层群众自治制度，全过程人民民主亦含摄基层大、中、小事规范化制度，杜绝基层民主与人民群众的生活分离至“两张皮”、防止产生破坏基层民主基本目标与价值追求的行为盲区。

3. 打通与拓宽不同利益表达渠道，充分体现人民当家作主

党的二十大报告将“坚持以人民为中心的发展思想”作为重大原则，全过程人民民主的人民不分形态差异，追求的是实现绝大多数的民主权利。上海的基层民主创新实践中，一、在公共领域打通不同利益诉求的渠道。决策与管理不再是政府与街道的主场、人民群众的切身利益更不再悬挂在决策的边缘，而是通过事前调研与视察，事中的充分讨论、投票表决，事后的评估与反馈，使得公众利益得以进入基层民主全流程，议题的诞生与孕育基于公众利益的表达、协商成果是寻求最大利益公约数之解、实践成果的评估指标离不开其对公共利益的实现程度。社情民意融入政策中，使得政策真正服务于公众；二、扩大弱势群体的利益诉求表达影响力。在全过程人民民主的“人民观”中，人民不分高低贵贱、不以“精英”与“草根”对任何利益诉求予以偏见与歧视，线上网络渠道与线下表达路径一体化，使得占据较少政治资源的弱势群体呼之有声、诉即有应，切实保障了人民群众无偏见、无歧视、无障碍地

① 《中国的民主（白皮书）》，中华人民共和国国务院新闻办公室网站，http://www.scio.gov.cn/ztk/dtzt/44689/47513/index.htm，2021 年 12 月 4 日。

全过程参与民主，充分调动公众积极参与政治生活，释放人民群众的智慧与活力，赋能国家治理效能，延续全过程人民民主的历史之脉，在新时代培育出更具活力的生长点。

三、参政议政机制的创新体系与机制设计

（一）参政议政机制创新之处

1. 政协委员参与片区治理

习近平总书记在党的二十大报告中指出："协商民主是实践全过程人民民主的重要形式。"人民政协是协商民主体系的重要组成部分，是国家治理体系的重要组成部分，是具有中国特色的制度安排。政协自设定与诞生之初，其功能界定与西方三权分立的上议院与下议院截然不同，也不是权力机关与决策机关，而是发挥专门协商机构的作用，担负着提高政治协商、民主监督、参政议政水平，更好地凝聚共识的使命。如何提高深度协商互动、为不同意见的充分表达提供平台与渠道，以期实现广泛凝聚共识水平是人民政协在发展全过程人民民主中的重要任务。然而，不同于以往被惯有讨论的治理手段，人民政协在基层公共事务管理中处于"新而不新"的尴尬境地。如何提升协商民主的氛围与能力，上海片区治理实践改革交出了创新式答卷。

不同于在万米网格单元中，由管理思维主导、以基层政府为治理兜底的网格化管理模式，上海片区治理实践改革在顺应城市发展规律的前提下，以期为协商民主在基层从口号与形式转化为实践提供看得见、摸得着的更广阔的平台。从形式上，政协的工作嵌入街道工作中，包括直

接在街镇中设置政协一角、将政协委员分组派到不同的街道中。即在片区中，政协走基层、听基层破除以往的“政协调研的模式是街道举办活动”等形式主义之风，而是直接地触摸民生工作。从运行流程来说，片区不再是网格化管理模式的自上而下输送行政任务的风格，而是通过召开座谈会，定期收集群众意见、主动倾听群众心声，并由片区长联络、定期召开“群众问题清单”解决会议，依托政协委员的前瞻性问题解决功能，为基层中各项疑难杂症的解决提供专业化的方案。同时，政协委员在实地调研“生活盒子”“十五分钟生活圈”修建情况中，其各自领域的专业能力使其能够发现“生活盒子”的建址、内部功能存在的不足等隐藏式问题，并提出相关的优化议案，与片区长与其他职能部门成员共商如何拔掉与基层治理中的“雷管”与隐患。

2.“协商于民”政协委员工作站

中国的全过程人民民主绝不是简单地同民主选举画等号，党的十九大报告指出：“发挥社会主义协商民主重要作用。有事好商量，众人的事情由众人商量，是人民民主的真谛。”党的二十大报告中，习近平总书记进一步指出：“全过程人民民主是最广泛、最真实、最管用的民主”，即中国的协商民主根本不同于政府对公共声音的被动式回应，以政协协商为鲜明特色之一，中国特色社会主义的协商民主是政协组织联系社会各界、反映各方的利益诉求，为公共事务的决策提供“襄助”之能。上海市各区陆续进行“协商于民”政协委员工作站授牌，以此作为公共事务决策的议事平台。首先，各街镇联络组总结出“三精”工作法则：议事规则精、协商议题精、协商活动精。其次，内外联动。在街道层面成立了政协委员工作联络组，全国政协委员、市政协委员和区政协委员下沉街镇并加入其中，三级委员联动服务；同时，各街道政协委员工作联络组与毗邻街镇政协组织间融通资源、友好交流、凝聚共识，将“协商于民、协商为民”目标贯穿于“请你来商量”协商议事工作全过程，襄助各街道属地问题与彼此重合问题解决，实现“1+1>2”的共商奇效。第三，“协商于民”政协委员工作站不断填充内里功能、修缮缺失功能，一站内遍含政策宣传、政治理论学习等基本功能，政协委员积极发挥专长，主动嵌入各街道民生工作、联系群众，掌握属地一线需求，推荐协商议题并咨政建言、共商良策。

3.《协商第一线》：线上线下一体化综合性视频协商平台

上海市政协办公厅和上海广播电视台联合制作的《协商第一线》节目，依托全媒体报道样态，助推人民政协事业发展，拓宽了人民政协新天地。该栏目在习近平总书记“协商于民，协商为民”①思想引领下，围绕政协的使命任务与职能进行栏目内容设计，包括创新式打造“议事汇”“建言录”“提案志”等板块，试图通过节目场景设置，还原政协委员深入基层一线、挖掘基层“雷管”问题的故事原貌。

《协商第一线》节目与各区“协商于民”政协委员工作站深度结合，

① 习近平：《在庆祝中国人民政治协商会议成立65周年大会上的讲话》，中国政府网，https://www.gov.cn/xinwen/2014-09/21/content_2753772.htm?gs_ws=tsina_635469333845760084，2014年9月21日。

议题收集上，关注各区特色和多区共性的社会热点与民生难点问题，包括：老旧小区加装电梯、15 分钟生活圈建设等关乎民生、城市发展与规划等议题。节目坚持“第一时间、第一落点、第一现场”工作要求，努力与政协委员工作进程保持一致步调，如果某议题尚处于协商进行时状态，节目将实时记录各政协委员的工作。同时，节目还采用场内外连线，委员可以在镜头前，直接向公众介绍自提案诞生，各委员是如何完善并助推问题的有效解决；如果某议题已是解决完成时态，节目组则通过视频和采访回溯议题组织、协商过程、最终实践效果全流程。除此之外，节目还邀请市民直接在镜头前与政协委员进行面对面沟通，为拉近公众与政协委员间的距离搭建了“连心之桥”。

（二）参政议政工作机制

1. 问题识别机制：广听民声，精准识别民生问题

习近平总书记指出：“人民政协要把不断满足人民对美好生活的需求、促进民生改善作为重要着力点，倾听群众呼声，反映群众意愿，抓住民生领域实际问题做好工作，协助党和政府增进人民福祉。”[①] 人民政协是人民的事业，决定了人民政协始终将维护人民群众的根本利益作为政协工作展开的出发点与着力点，更应时刻关注人民群众面临的各种实际问题。上海市政协打出组合拳，一是前移倾听民众呼声的窗口，三级政协委员直接嵌入街道工作，直接调查、研究、视察社情民意，包括走

① 习近平：《在中央政协工作会议暨庆祝中国人民政治协商会议成立 70 周年大会上的讲话》，《求是》2022 年第 6 期。

访片区“生活盒子”“十五分钟生活圈”、社区、企业等，主动发现群众的利益诉求，而不是被动地等着界别群众“送来”利益诉求；二是打造统一工作站，提供政协内部主体与人民群众直接联系、政协成员彼此沟通社情民意的平台，工作站将充分调查与视察后收集的社情民意信息聚合，并通过审慎讨论、沟通交流，在这个过程中彼此激发出助推决策更高效制定与落实的灵感，挖掘民生领域的潜在问题与可能需求；三是拓宽问题收集的渠道，借助线下“协商于民”政协委员工作站所做的议题的孕育与诞生的前身工作，依托新媒体技术，打破过往政协委员收集与识别问题的时间与场地限制，使得政协委员可以全天候、长时段、跨区域、低成本地收集民意民声，同时，零碎分散的信息在被汇集后能得到有效整理与分析，使得各政协委员及时、全面地了解自己所联系的界别群众的意愿与诉求。问题识别机制的创新化赋能政协委员进一步聚焦影响人民群众生活幸福感的重点问题，倾听人民心声、反映群众需求，提升人民群众的幸福感、参与感与获得感，实现满足人民群众对美好生活的需要。

2. 会商沟通机制：平等协商，凝聚政治共识

尽管社会性质变迁、改革深化、社会主要矛盾发生了变化，人民政协的工作中心环节依然落脚于加强思想政治引领与广泛凝聚共识。以往，人民政协在凝聚共识机制上面临基层政协薄弱、内部成员协商积极性低、政府支持弱、政协协商专业性弱等结构性、主体性与程序性困境，很大程度上消解了全过程人民民主的时空连续性、参与整体性、党政协同性等优势。全过程人民民主旨在“无处不在”，包括参与主体要

全、协商内容与领域要全等。上海政协进一步结合制度化与非制度化参与，充分开发人民政协中的协商资源内外部有效融通与运转的政治保障与制度支撑。其一，基于包容性与平等性的人民政协协商民主的目标性原则。其二，形式上，上海市人民政协主采用对话性协商、议政性协商与沟通性协商三种形式，分别给予来自社会各方面的政协委员、不同界别的政协委员协商的平台，将有利益诉求的民情民意传达至人民政协的平台，在相对集中的环境与空间中，不同的主体可以公开地进行讨论，各群体的利益诉求被尊重、并拥有实现的希望与可能，整合式意见聚拢汇集成智慧化、科学化、民主化的咨政建言，等待党委与政府的批复。其三，会商沟通片区平台。片区为政协委员与其他治理主体直接沟通与对话打开新的进路，政协委员通过对各片区复合的复杂城市问题的发现与信息收集，在由片区长联络开展的座谈会上与其他主体进行讨论。同时，对于其他主体提出的社情民意问题，政协委员亦将发挥其前瞻性问题专业解决能力，助推基层涌现的疑难杂症更高效地解决。在会商沟通中，代表不同利益诉求的主体经过平等的沟通与交流，在追求公共利益的原则下，协商的结果并非多数人利益对少数人利益的消解，也并非以少数人的利益替代多数人的利益，而是在反复地沟通与协商中寻求最大限度的共识，真正实现共识的凝聚，确保全过程人民民主实现纵深式发展。

3. 柔性监督机制：联动监督，推进全过程人民民主规范化发展

政协监督是我国除人大的权力监督外的民主监督。政协监督不在于对抗性与竞争性督查，而是实践为建议提出、意见进行与批评产生三种

模式，对党委政府的决策与执行等工作提供修缮进路。上海市政协委员与其他协商主体通过平等沟通与友好协商后达成的共识，凝结表现为向党委和政府提出的成熟、科学、专业的建议方案，并历经规范性程序，最终的表现是协商成果落地。为督查协商成果的转化与落实情况，上海市人民政协在形式上不局限于街道展示，而是扩充为实地勘查、走访调研等形式，掌握协商成果的转化率与落实率。同时，上海市政协依托《协商第一线》传播平台，展示各街道“协商于民”政协委员工作站组织体系、运行模式、运转流程等，播报三级政协委员对于美化居民居住环境生态、升级业态、刺激人民群众精神文化需求文态中积极民主协商实践的新闻，包括政协委员的观点、典型案例故事及协商成果转化与落实绩效。政协通过联动社会各界，对政府相关职能部门落实人民政协协商民主的成果的比率进行公开监督，同时，提升了公民在人民政协协商民主中的参与度与重视度。最终，助推党和国家全过程监督体系建设，推进全过程人民民主规范化发展。

四、职能部门参与的创新体系与机制建设

（一）职能部门创新之处

1. 职能部门党风政风行风民主评议

“坚持人民至上”是习近平新时代中国特色社会主义思想的根本立场，坚持以人民为中心是中国共产党人政治价值观之内核，政府没有自己的特殊利益，其立场应深深扎根于人民群众之中。上海深化职能部门党风政风行风民主评议制度，一是完善职能部门党风政风行风民主评议

配套性制度，出台《2008年上海市政风行风测评工作实施意见》《2008年上海市纠风工作实施意见》《2004—2007年上海市政风行风测评工作总体安排》《2010年上海市政风行风网上测评方案》等政策条例，保证职能部门评议工作规范有序展开。二是打造行风评议公开平台，职能部门向专业评议组汇报政风行风建设的主要做法、过往季度针对测评反馈意见所做的整改落实情况、下一季度行政建设的工作计划。评议组综合“看、听、查、访”多种形式，对职能部门的工作履行情况进行专题检查，纠正行业不正之风，实现从职能部门为核心向以市场需求为内在的转变，建设“服务找人”的新型体系，保证职能部门的行为从始至终贯彻以人民为中心的价值取向。

2. 城乡建设规划部门的公众参与机制

全过程人民民主体现在人民群众参与内容全、参与领域全。城乡规划作为一项重要的公共政策，其政策全过程离不开公众参与全要素、全周期、全领域。上海积极建设城乡规划部门的公众参与机制，吸纳“草根民主”力量赋能上海黄浦江东岸等城市规划决策趋向科学化、民主化，汲取人民群众的智慧，打造美好城市。一是参与主体全，形成城市规划智囊团。以上海黄浦江东岸公共空间设计为例，秉承“众创众规”理念，本地居民、外来游客、专业设计师、智趣社团等多个群体皆可参与空间的规划与设计，对空间的完善献上来自“泥土”的宝贵建议。二是参与渠道全，主动征集人民建议，将之融入规划建设中。包括线下开展座谈会，上海市规划资源局在建设“15分钟生活圈”前，前往杨浦区，组织开展座谈会，广泛倾听群众建议、汲取群众智慧、优化建设方案，实现“15 分钟生活圈”与群众需求、风貌保护、历史传承等多方面的精准对接。除此之外，线上发放精心设计的调研问卷，调研内涵覆盖空间选址、公众活动频率、交通方式、服务功能设置等多方面，在了解公众对于“15 分钟生活圈”的认识与期待后，借助大数据的分析功能，满足“15 分钟生活圈”对不同公众所构想的美好生活的愿望。

3. 特约监察员制度

2018 年 8 月 24 日，中央纪委国家监委印发《国家监察委员会特约监察员工作办法》(下文简称《工作办法》)，决定建立特约监察员制度。这是深化党的纪律检查体制和国家监察体制的一项重大改革，是以习近平新时代中国特色社会主义思想为指导、以习近平同志为核心的党中央作出的强化党和国家自我监督的重大决策部署。在总结学习了国家监委印发的《工作办法》后，上海市出台《上海市监察委员会特约监察员工作办法》，各区顺应属地特色，精细化法规文件，从特约监察员的招聘、职责、权利、义务、履职保障等各方面落实特约监察员制度。一是在整体定位上，2022 年，中共上海市纪委监委召开国家监委座谈会上，明确要求“将特约监察员工作纳入全年工作整体部署”。二是明确特约监察员职责界定。上海通过相关归口受理部门专设“特约监察员信箱”，广泛性、定期性收集群众意见，及时整理并予以反馈。各业务部门间畅通沟通渠道，及时发现并协调解决特约监察员在履职中涌现的各项问题；特约监察员密切与人民群众的联系，认真收集公众反映的涉及党员干部涉嫌违纪或作风等方面问题的信息，对其谨慎甄别后反映至相关部门。同时，广泛征集公众对纪检监察工作的意见建议，整理合并后统一报送纪检监察机关。三是开辟特约监察员的制度实践。上海特约监察员积极参加市纪委监委“信访接待日”活动，与市纪委监委信访干部一同面对面访民情，打破横亘在特约监察员与群众间的藩篱，去除特约监察员的神秘感与距离感，延展全过程人民民主的复合型结构中人民群众的民主参与进路。

（二）职能部门参与工作机制

1. 强化协商理念，坚持以党建引领工作机制把牢政治方向

在全过程人民民主工作开展过程中，统一思想是有序高效开展一切工作的前提。全过程人民民主是一种民主形式，但它必须是在党的领导下进行的。因此，在协商过程中，要严格遵守党的政策、方针和原则，以党的意志为最高准则，确保协商结果符合党的领导和意志。一是各职能部门通过政治培训、政治学习等方式，加强对协商民主和全过程人民民主理论的学习和认识，强化协商理念，坚定政治信仰，把牢政治方向。二是建立健全协商机制，制定具体的协商办法和程序，规范协商流程，确保协商民主工作的科学性、规范性和民主性。三是通过加强全过程人民民主制度建设，建立健全的程序和机制，规范全过程人民民主工作流程，提高各项民主工作的规范化和制度化水平。各职能部门始终把政治建设放在首位，加强党组织的建设和管理，党建作为全过程人民民主工作的重要引领，能够确保各项工作始终在正确的政治方向上开展，确保整个机制的稳定性和合法性。这种民主管理机制有利于促进职能部门的工作效率

和民主氛围，同时也有助于加强政府部门与公众之间的沟通和信任。

2. 加强顶层设计，建立协同工作机制打好民主参与组合拳

全过程人民民主实践是人民的诉求和愿望经过严格的民主决策程序和政府各层级的协调配合和落实而转化为人民意愿的具体实践。在这个过程中，各职能部门需要加强协作，形成联动机制，共同推进全过程人民民主的实现。加强顶层设计，建立协同工作机制，是打好民主参与组合拳的关键。一是加强对顶层设计的规划和领导，制定详细的设计方案和时间表，确保全过程人民民主实践的全面推进和重点突破。二是建立协同工作机制，加强各部门之间的沟通协调，协同推进全过程人民民主实践。三是建立相应的工作制度和流程，确保协同工作机制的高效性和有效性。四是推动重点领域民主实践，例如民生领域、经济领域、环保领域等，积极探索因地制宜的民主实践模式，积累经验。五是加强民主参与平台建设，建立健全民主参与机制，提供更加便捷、高效的民主参与渠道和方式，提高公众的参与度和保障公民的知情权。

3. 发挥部门优势，形成各具特色的全过程参与式工作模式

中国发展的是既有完整的制度程序也有完整的参与实践的民主道路。全过程人民民主把选举民主与协商民主结合起来，把民主选举、民主协商、民主决策、民主管理、民主监督贯通起来。① 各职能部门在全过程人民民主过程中可以发挥重要作用，通过制定政策、履行职责、监

① 《中国的民主（白皮书）》，中华人民共和国国务院新闻办公室网站，http://www.scio.gov.cn/ztk/dtzt/44689/47513/index.htm，2021 年 12 月 4 日。

督反馈和内部民主建设等多个方面，推动全过程人民民主的实现。一是各职能部门通过制定各自领域相关政策和措施，在制定公共政策时广泛征求公众的意见和建议，实现民主决策。二是各职能部门在履行职责的过程中，加强民主监督，及时发现和纠正工作中存在的问题，确保法律法规的贯彻落实。三是各职能部门通过公共服务的方式，向人民群众提供更多更好的服务，提高人民群众的获得感和满意度，增强人民群众对政府的信任和认同。四是各职能部门加强内部民主建设，建立健全的民主管理机制，促进内部民主和平等，提高职能部门的工作效率和质量。五是各部门根据实际情况创新工作方式，采用现代科技手段，如互联网、大数据等，提高民主参与的便捷性和高效性。同时积极探索新的参与方式，例如通过网络论坛、在线调查、社区活动等方式，让更多的人参与全过程人民民主工作。六是加强议题设置，各部门积极设置议题，引导公众关注和参与政府重要决策和政策制定。议题的设置关注公众的实际需求和关切，通过广泛收集公众意见和建议，提高政府决策的科学性和规范性。七是加强评估总结，各部门加强对全过程人民民主工作的评估和总结，及时发现和解决问题，不断完善工作制度和流程。同时组织开展工作总结和交流活动，互相借鉴经验，提高全过程人民民主工作的质量和效果。

五、信息公开的创新体系与机制设计

（一）信息公开的创新之处

1. 持续拓展线上线下公开渠道

在线上公开渠道方面。一是不断丰富数字化公开形式。启用“数字解读官”解读政策，与“视”俱进传递“政能量”，提升政策知晓度和影响力，有效传递政策信息，给公民带来生动的沉浸式体验。二是不断提高数字化公开的便捷性。虹口区在政民互动区域设置了二维码矩阵图、触摸长屏，内容均以双语呈现，市民公众只要通过手机扫一扫，便可实现“一码查询”，获取双语版办事服务信息、报名参加“政府开放月”活动，或对政务公开、政务服务提出意见建议。

在线下公开渠道方面。一是持续打造各类政务公开专区（点），努力构建15分钟政务公开服务圈。上海在各区行政服务中心设立政务公开服务专区，提供政府信息公开申请指导、信息查阅、意见收集反馈等各类政务公开服务。对土地征收、旧区改造、义务入学、就诊就医、养老服务等特点领域内容，通过公共查阅点、公开栏、电子信息屏等定点定向公开。上海在不同行政区域的行政服务中心设立了专门的政务公开服务区。该专区提供各类政务公开服务，包括政府信息公开申请指导、信息查阅以及意见收集反馈等。此外，对于旧区改造、就诊就医、土地征收、义务入学及养老服务等特定领域的内容，采取了定点定向的公开方式，通过公共查阅点、公开栏和电子信息屏等方式进行公开。二是不断拓展线下公开渠道。虹口区启动了全市首个“政务公开双语会客厅”、发布了全市首个数字官政策解读视频（英文版）和全市首份为外籍人士专属定制的英文版政府公报，并首次在政务公开专区启用外籍志愿者，实现四个“全市首创”。三是继续组织做好全市“政府开放月”活动，主题覆盖“一网通办”“一网统管”、营商环境、民生保障、公共安全等政府工作各方面。全市共开展线下开放活动 453 场，参与人数 5.9 万人次；线上开放活动 2035 场，参与人数 681.1 万人次。

2. 提高政策解读的精准性和针对性

一是充分发挥政策解读、解疑、释惑的引导预期作用。严格落实政策解读“三同步”机制，对经领导办公会议审议通过的重要政策文件等均进行解读。着重围绕政策措施的背景依据、目标任务、惠民利民举措及新旧政策差异等社会公众普遍关注的热点开展解读。着重围绕惠企利民举措、执行标准和范围，以及新旧政策差异等关键内容进行重点解读，切实提高解读质量，而非简单摘抄文件内容。二是针对政策出台后的普遍疑虑和争议点积极推行政策施行后解读，特别是有针对性地进行延伸解读和深度解读。三是不断拓展解读形式，积极运用专家解读、图示图解、视频动画和流程演示等多种形式，对重大政策和活动进行专题解读和跟踪解读；通过借助“中国上海”门户网站、“上海发布”微信公众号平台对本市的重大政策措施开展系列专题解读，及时准确传递政策意图。截至 2022 年底，发布市级政策文件的解读 114 篇，应解读文件的多元化解读率超过 96%。四是开展政策精准推送，截至 22 年底，已推送助企纾困等重要政策 525 条，累计推送个人用户数 15.36 亿次、法人用户数 26.15 亿次。

3. 完善依申请公开转主动公开机制

一是规范主动公开内容体系。上线全市统一的主动公开公文库，2022 年底，已收录全市行政机关新增主动公开公文 42401 件。深入推进生态环境、教育卫生、涉企服务等重点领域的信息公开。推动公开内容从以往审批类信息向处罚类、检查类、服务类信息延伸，公开范围从结果类信息向权力运行全流程延伸，逐步将行政权力运行过程中的流转、批转和报批等过程中信息向社会公开，形成一套规定清晰、内容全面、科学合理的政务公开标准目录。二是持续推进历史政府信息转化公开，完成2010年以来政府公文的公开属性重新审查和转化公开工作。

4. 有序引导公众参与政务

习近平总书记明确提出："保证人民平等参与、平等发展权利，维护社会公平正义。"① 总书记的这一论断内容深刻，为此，上海市提供以下措施保障公民有序的政治参与。一是继续深化会议公开，上海市在政策举措推出时，积极扩大公众参与。有序推进政府会议公开，围绕市政府重大决策部署和重要民生事项，全年对市政府常务会议的重要议题进行权威发布，以公开促进依法行政和政策落地生效；实行重大决策预公开制度，《上海市公共数据和一网通办管理办法》《上海市社会保障卡管理办法》等重大政策措施，在出台前均提前向社会公布决策草案和决策依据，并通过多种方式广泛听取公众意见；各级行政机关还积极探索公众参与有效方式，金山区政府出台利益相关方列席区政府会议制度，邀请市民和企业代表参与区政府常务会议有关议题决策，充分发表意见建议；普陀区政府开展"政府开放日"活动，两次邀请市民代表走进区政

① 中共中央文献研究室：《十八大以来重要文献选编》(上)，中央文献出版社2014年版，第236页。

府，与领导班子面对面交流。二是积极搭建政务互动平台，开展政府开放日（周）、网络问政等公众参与活动。宝山以“社区通”数字平台为抓手，广泛汇集意见需求、高效处置群众需求、公开发布公共事务。

（二）信息公开工作机制

1. 重点领域主动公开，完善基本制度服务体系

一是推进政府信息化进程，针对政府信息的重要性和紧迫性，加强政府信息化进程，提高政府信息的主动公开率和公开质量，促进政府信息资源的整合和共享。二是加强财政信息公开，包括预算、决算、政府采购、国库支付等，提高财政收支的透明度和公正性，防范财政风险和廉政风险。三是加强监管信息公开，包括监管计划、监管标准、监管结果等，提高监管工作的公正性和透明度，促进市场公平竞争。四是推进教育、医疗、社会保障等领域的信息公开，包括招生计划、收费标准、医疗保障政策、社会保障待遇等，提高社会服务质量和公众满意度。五是加强政府公报、政府网站、信息公开平台建设，完善基本制度服务体系，为公众提供更加便捷、高效的信息公开服务。推进重点领域主动公开，完善基本制度服务体系，可以促进政府与社会的互动与交流、加强公共权利的规范运行、提高政府公信力和权威性，为公众参与和监督提供制度保障，最终实现全过程人民民主的落实和发展。

2. 推进标准化与规范化，打通服务“最后一公里”

上海在权力运行全流程、政务服务全过程，在标准体系构建、规范公开流程、完善公开方式、提升公开实效等方面探索出一系列信息公

开标准化的可复制、可推广的工作机制。一是政府牵头推进，政务公开标准化规范化工作主要由上海市政府负责推进。各职能相关部门积极配合，共同推动工作进展。二是专业机构技术支持，有效利用专业机构提供的相关技术支持和咨询服务，协助政府制定和实施政务公开标准和规范。三是各职能部门协同配合，各部门根据工作职责和政务公开标准和规范，制定本部门的政务公开实施方案，并及时反馈工作进展和问题。四是社会公众参与监督，通过积极动员公众参与政务公开活动，对政务公开工作提出意见和建议，监督政务公开工作的质量和效果。五是绩效考核和质量评估，上海市政府对政务公开工作进行绩效考核和质量评估，评估结果作为政府相关部门和工作人员绩效评估和奖励的重要依据。在全过程人民民主中，政府应该成为民众信任的代表，推进信息公开标准化规范化可以提高政府工作的透明度和效率，促进政府廉洁高效，推进民主进程，提高政府公信力，从而保障公民知情权，促进政府与民众之间的和谐关系。

3. 创新信息公开方式，增强发布解读回应实效

一是拓展信息公开渠道，传统的信息公开方式主要是在政府网站上发布信息，但是这种方式可能存在信息更新不及时、检索不便等问题。因此，上海市创新信息公开方式，探索采用社交媒体、手机应用程序等多种渠道，及时发布信息，方便公民获取信息。二是加强信息公开解读，上海市政府通过组织专业人士或邀请公民参与信息解读，提高信息的可读性和易懂性。三是强化信息公开回应，不仅主动公开信息，还及

时回应公民的关切和质疑，加强政府与公民之间的沟通和互动，提高信息公开回应的实效性。四是建立信息公开激励机制，对主动公开信息的企业、社会组织和个人进行奖励和表彰，激发社会各界参与信息公开的积极性。创新信息公开方式，增强发布解读回应实效的工作机制，可以提高政府信息的传递效率和质量，更好地满足公众的需求。可以提高政府信息的传递效率和质量，促进公众参与政府决策，提高政府的民主意识和民主实践水平，从而更好地实现全过程人民民主。

六、人民群众权利维护的创新体系与机制设计

（一）权利维护创新之处

1. 加强公共法律服务体系建设

2022 年，“12348 上海法网”服务近 87.5 万人次。其中，提供在线咨询 14.5 万次，留言咨询 3500 余次，网络咨询整体满意率 99.29%，热线咨询约 68.9 万次。持续组织律师开展 2022 年度“法治体检”活动，600 余名律师为 1000 余家民营企业提供免费法律服务，助力援企稳岗、复工复产。公证工作充分发挥“最多跑一次”“一次都不跑”服务优势，疫情期间受理公证事项 6060 件，办结并出具公证书 5383 件。充分发挥司法鉴定公益属性，截至 2022 年底，上海市司法鉴定机构为困难群众提供上门服务 2461 次，并主动承担各类法律援助案件，减免鉴定费 39 万余元。上海市各仲裁机构通过减免仲裁费用、开展网上仲裁、促成调解和解等方式，多措并举为当事人纾困解难，累计为符合条件的当事人减免仲裁费 8000 余万元。

2. 深化行政复议体制改革工作

目前上海市已基本完成行政复议体制改革工作。研究制定案件办理、调解、类案办理等有关工作意见、规范或指引，包括制定关于建立健全本市行政复议调解工作机制的意见，构建案前、案中、案后调解架构，促进行政争议实质性化解；制定行政复议案件办理工作规范（试行），进一步提升工作规范化、专业化水平。持续加大“开门复议”工作力度，全面畅通行政复议申请渠道，实现多渠道接收行政复议申请。积极探索建立行政复议基层服务点，打通复议申请“最后一公里”，实现市民“家门口”的复议便利，持续发挥化解行政争议主渠道作用。2022 年，上海市各级行政复议机关共收到行政复议申请 10638 件（不含立案前调解成功案件）。其中，依法受理 8669 件，受理率 81.5%。审结行政复议案件 8817 件（含结转），审结率 101.7%。此外，2022 年还上线运行全市行政复议应诉管理系统，形成数据共享的统一办案平台，发布行政复议体制改革一周年白皮书、年度十大典型案例等，持续推进完善行政复议制度机制，着力打响行政复议上海品牌。

3. 坚持惠民立法体现人民至上

上海坚持“人民至上”的立法价值取向，在各项立法中始终坚守民生底线、公平正义底线和生态环境底线。2016 年 7 月，上海市制定的全国首部院前急救、院内急救和社会急救“三位一体”的《上海市急救医疗服务条例》表决通过。立足本市老龄化趋势和老年人需求，出台《上海市养老服务条例》，先后开展老年人权益保障、养老服务等条例执法检查和社区养老专项监督，推动养老服务设施及体系建设。制定全国首个长江流域特定物种保护法规《中华鲟保护管理条例》，积极推进长三角地区人大立法协同，通过《关于促进和保障长江流域禁捕工作若干问题的决定》，落实国家长江大保护战略。

（二）权利维护的工作机制

1. 建立多元化的权利维护机制，拓宽权利维护工作的覆盖面

一是建立多元化的权利维护机制，政府和相关部门建立健全的法律体系和监管机制，规范权利维护的流程和方式，加强权利维护的公正性和有效性。同时，鼓励和支持企业、社会组织、志愿者等社会力量参与权利维护，形成多元权利维护机制。二是拓宽权利维护工作的覆盖面，加强对市民的宣传教育，增强市民的权利意识和维权意识，引导市民积极主动地维护自己的合法权益。同时，加强政府部门、企业、社会组织之间的沟通和协作，建立健全的信息共享机制和联动机制，形成全方位的权利维护网络。三是鼓励和支持城市信息化建设，建立数字化的权利维护平台和系统，实现市民自助维权、在线投诉、远程取证等功能，为市民提供更加便捷、高效的权利维护服务。多元化的权利维护机制可以为市民提供更加全面和高效的维权服务，提高市民的权利维护效率。

毛泽东同志曾指出：“社会主义的民主是任何资产阶级国家所不可能有的最广大的民主。”① 社会主义民主的广泛性在这里得到深刻强调。

---

① 《毛泽东选集》第二卷，人民出版社 1991 年版，第 65 页。

“全”而广泛彰显在民主主体的广泛性与人民享有广泛的民主权利上。全过程人民民主强调民主的广泛性和深入性，市民在权利维护过程中的诉求和意见得到了更加全面的关注和反馈，有助于推进全过程人民民主的实现。拓宽权利维护工作的覆盖面可以提高市民的参与度和代表性，增强市民的民主意识和民主素质。全过程人民民主强调人民的参与和代表必须广泛覆盖不同领域和群体，权利维护工作的覆盖面的拓宽可以让更多的市民参与民主过程。建立多元化的权利维护机制，拓宽权利维护工作的覆盖面可以促进社会的公平正义与和谐发展。全过程人民民主强调推进社会的公平正义与和谐发展，多元化的权利维护机制和拓宽的权利维护覆盖面可以更好地保障市民的权利和利益，促进社会的和谐发展，推进全过程人民民主的实现。

2. 注重多领域的权利维护设计，促进权利维护机制的精细化

一是建立跨领域的维权协作机制，在不同领域之间，建立起维权协作机制，实现权利维护的协作和联动。比如在劳动权益和社会保障领域的维权机构建立协作机制，共同解决劳动者和用人单位之间的矛盾。二是建立多部门的权利维护机制，针对市民在不同领域所面临的权利问题，建立起多部门协同的权利维护机制，实现权利维护的高效化和最大化。比如在环境保护领域，建立起环保、城管、公安等多个部门之间的联动机制，以加强对环境污染的治理和维权。三是建立社会化的权利维护机制，通过鼓励和引导社会力量参与权利维护，建立起社会化的权利维护机制，提高权利维护的效率和公正性。比如通过政府和社会组织

之间的合作关系，实现对市民权利的维护和保障。四是建立数字化的权利维护机制，通过数字化技术和平台的运用，建立起市民自助、在线投诉、远程取证等数字化的权利维护机制，提高权利维护的便捷性和高效性。比如通过建立数字化的维权平台，实现市民在线维权和投诉。注重多领域的权利维护设计，促进权利维护机制的精细化，需要依靠全过程人民民主的推进和落实。全过程人民民主需要建立一个全面的、系统的、科学的制度体系，以确保人民在各种场合都能够获得相应的权利和自由。在这个过程中，需要注重多领域的权利维护设计，促进权利维护机制的精细化，并且将这些设计和机制的实施纳入全过程人民民主的制度体系中，确保它们能够得到有效的落实和推进。

3. 完善公正独立司法监督机制，维护和保障群众合法权益

一是明确司法监督机构的职责、权力和程序，加强对司法行为的监督和制约，防止司法腐败和不当行为。二是明确司法监督的范围和程序。规定司法监督机构可以对司法行为进行监督和检查，对于不当的司法行为可以进行纠正和处理。三是加强司法培训和教育。提高其公正、廉洁和负责任的司法行为。四是完善司法救济机制，为市民提供公正、及时、有效的司法救济途径。五是推进全社会的法治建设和民主建设，加强公民意识和法治意识的培养，提高市民的法律素质和法治观念，促进全社会的法律意识和法治文化建设。民主和法治是全过程人民民主的基础和重要保障，公正独立的司法监督机制可以确保市民的合法权益得到及时有效的维护和保障。

七、民意征集的创新体系与机制设计

（一）民意征集创新之处

1. 完善民意征集制度

上海是全国最早开展人民建议征集工作的城市之一，2020 年 11 月在全国率先成立人民建议征集办公室，形成较为完善的制度安排，使人民建议征集工作进一步走向制度化、系统化、规范化。坚持把“中华人民共和国的一切权力属于人民”的宪法原则落到实处，把“人民城市人民建，人民城市为人民”的重要理念落到实处，制度化保障人民群众在城市建设和发展中的主体地位。上海市人民建议征集工作，通过强大的社会动员和精细的制度安排，打通了人民群众有序参与城市治理的途径和方式，创造了在复杂系统上有效加载社会态势感知和自我修复完善子系统的成功样本。

2. 创新传统民意征集渠道

上海市人民建议征集，旨在畅通“人人都能有序参与治理”的民意表达新平台，通过征集、汇集、分析人民建议，汇聚起群众广泛参与城市治理的磅礴力量。当前上海设立了 1000 多个基层建议征集工作站、联系点、布设了 500 多个建议征集红色邮筒，在党群服务中心设立人民建议征集墙，实现了征集渠道嵌入村居“家门口”服务体系。新时代上海市人民建议征集的发展，标准之一是高标准、高质量。建矩阵架构、进片区布点，短短两年时间一直保持担当精神和积极进取的状态，持续探索并建章立制；标准之二是国际化。例如，第一个在国际社区建党组织，搭建留学生讲述中国故事示范平台、创建中外居民议事厅等，人民建议征集通过让外籍居民参与其中，探索出了做好全过程人民民主和群众路线国际传播的一种春风化雨的巧妙方式。

3. 拓展建议征集数字化平台

与全国其他地方关于人民建议征集的探索相比，上海市人民建议征集实践的不同之处在于：市委市政府主要领导推动，信访部门成为主导推动的主责机构，以其具有群众路线特色的矩阵架构，深入基层社区设立工作站点。这不仅是在磨细城市治理的“绣花针”，而且是在践行全过程人民民主理念的过程中，发展全过程人民民主。上海已经开启了城市数字化转型的征程。上海市人民建议征集工作，以及由此推动的“云征集”功能，都是在践行以治理数字化牵引治理现代化的。未来在更多地运用大数据、人工智能、元宇宙、数字孪生等新技术投入城市治理场景中的同时，作为连接人的人民建议征集应当坚决维护人的主体地位，在提高社区治理数字化、智能化水平的同时，致力于弥合数字鸿沟。当前上海市不断探索和完善各种民意征集的数字化平台，包括上海市政府门户网站、“一网通办”总门户、随申办 App、“上海发布”微信公众号平台和各区公众号平台、微博等其他社交媒体，现在市、区两级人民建议征集信箱以矩阵方式入驻“随申办”。

（二）民意征集工作机制

1. 夯实建议征集基础，加强建议征集工作的法治化建设

上海市人民建议征集工作从 2011 年起步，到 2014 年制定《上海市

人民建议征集工作规定》，再到2021年出台《上海市人民建议征集若干规定》，市领导和职能部门念兹在兹的始终是法治化推进人民建议征集工作。一是加强建议征集工作的宣传和组织，提高市民对于建议征集工作的认识和参与度，促进市民主动参与建议征集工作。同时，建立相应的机制和程序，确保建议征集工作的公正性和透明度。二是完善建议征集制度的规范和标准。明确建议征集的范围、程序、方式、标准等，提高建议征集工作的质量和效率。同时，加强对建议征集制度的宣传和培训，提高建议征集制度的认知度和理解度。三是建立建议征集工作的评估和反馈机制。建立建议征集工作的评估和反馈机制，对于建议征集工作的效果进行评估和反馈，及时发现和解决问题，提高建议征集工作的质量和效率。四是加强建议征集工作的法治化建设。明确建议征集工作的法律地位和法律规范，加强对建议征集工作的监督和管理，确保建议征集工作的合法性和公正性。加强建议征集工作的法治化建设，可以推进全社会的法治化和民主化，提高市民的法律素质和法治观念，促进全社会的法律意识和法治文化建设，更好地实现全过程人民民主的目标和理念。

2. 织密建议征集网络，拓展多元化的人民建议征集方式

一是推广线上建议征集方式，通过各种社交媒体、网站、在线问卷等方式，广泛收集群众意见和建议，同时利用人工智能和大数据技术，对线上建议征集数据进行智能化分析和处理。二是拓展多元化的建议征集渠道，除了线上渠道外，拓展多元化的建议征集渠道，比如线下活

动、来信来函等，通过各种途径，如电话、邮件、短信等方式与群众保持联系，及时了解群众意见和建议。三是加强建议征集的公开透明度，及时向群众公布建议征集的目的、范围、流程、结果等信息。同时探索采用区块链技术等技术手段，提高建议征集的透明度和公信力。四是建立建议征集反馈机制，在收集到群众意见和建议后，及时对意见和建议进行分类整理和分析，并有针对性地提出解决方案，提高群众对建议征集工作的满意度。五是推广群众性建议征集活动，比如“我为政府献一策”“群众热线”等活动，吸引更多的群众积极参与建议征集工作，提高建议征集的参与度和影响力。达尔在论述理想中民主的五大标准时，将成年人的公民权看作有效参与、选票平等、充分知情以及对议程最终控制标准的隐含结论。①织密建议征集网络，拓展多元化的人民建议征集方式对于全过程人民民主的意义非常重要，可以吸引更多的群众参与建议征集的过程，促进民主制度的完善和成熟，增强民主制度的公信力和权威性，推动民主政治的发展。

3. 创新建议征集模式，从“被动集”向“主动征”转型

一是提高建议征集的主动性和积极性，传统的建议征集方式往往是由政府或机构主动发起，向群众征集建议。这种方式容易陷入“被动集”的局面，即群众只能被动地接受政府或机构的通知和安排，缺乏主动性和积极性。而向“主动征”转型，可以让群众更加主动地参与建议

① ［美］罗伯特·A. 达尔：《论民主》，李风华译，中国人民大学出版社 2012 年版，第 33 页。

征集的过程，自己决定提出哪些建议，何时提出建议，提出建议的方式，等等。这样可以激发群众的积极性和创造性，提高建议的质量和可行性。二是增强建议征集的针对性和有效性。传统的建议征集方式往往只能征集到群众普遍性的建议，而难以针对政府或机构的具体需求和问题。向“主动征”转型可以更加准确地反映群众的需求和意愿，使得政府或机构更加有针对性地解决问题。三是促进政府与群众之间的互动和沟通。传统的建议征集方式往往是政府或机构主动发起，向群众征集建议。这种方式容易导致政府或机构与群众之间的沟通和互动不足，导致政府或机构不了解群众的需求和意愿。习近平指出：“我们要随时随刻倾听人民呼声、回应人民期待。”[①]向“主动征”转型可以更好地促进政府与群众之间的互动和沟通，加强政府与群众之间的互信。

4. 健全建议征集办理机制，提高市民群众参与的体验感

一是建立完善的建议征集制度，明确建议征集的目的、范围、流程、时间等信息，并公开透明地公布。同时建立专门的建议征集机构或团队，负责建议的征集、筛选、办理、反馈等工作。二是强化建议办理的工作流程，便于市民群众了解和监督。同时建立专门的建议办理机构或团队，负责建议的办理、协调、评估等工作。三是加强建议办理的公开透明度，及时公布建议办理的结果和进展情况。公开透明度可以提高市民群众的信任度和参与度，促进政府与市民群众之间的沟通和理解。

① 中共中央文献研究室：《十八大以来重要文献选编》(上)，中央文献出版社 2014 年版，第 252 页。

四是建立专门的反馈机制，及时回复市民群众关于建议办理的情况和结果。反馈机制可以加强市民群众对建议办理的监督和评估，提高建议办理的效率和质量。五是加强建议征集办理团队的建设，提高团队的专业素养和工作能力。团队建设可以加强建议征集办理团队的凝聚力和执行力，确保建议征集办理工作的顺利进行。美国政治学家卡罗尔·佩特曼主张唯有大众参与政治决策，才能够实现一定的妥协与政治平等。① 健全的建议征集办理机制可以鼓励公民积极参与政府决策和公共事务的讨论和决策过程。

第三节　全过程人民民主制度实践的深层次问题

随着人民代表大会制度、基层民主、参政议政机制、职能部门参与机制、信息公开、权利维护、民意征集等制度体系的确立与完善，立足中国一线治理情境，中国政治话语体系与实践进路不断开拓，持续有效地向治理现代化前进。制度并非悬挂在职能部门办公桌椅身后的一块块“牌子”，更非悬浮于基层治理背景之上存在的虚无信条，而在于制度有效嵌入超大城市治理全流程、全方位，从主体、客体、手段等多维度整合与激活制度功能，压实全过程人民民主。但同时，在制度朝向现代化与探索创新途中，制度与治理的嵌合、制度运行的效能与可持续程度，以及进一步推进全过程人民民主创新等维度仍具痛点、难点。

① ［美］卡罗尔·佩特曼：《参与和民主理论》，陈尧译，上海人民出版社 2018 年版，第 25—28 页。

一、制度嵌入超大城市治理的有效性问题

制度与超大城市治理难题间尚未形成成熟化回应机制。作为超大城市的上海，内里集合了各式各样的要素资源①，各要素在城市空间中不断碰撞、聚合、转化，在此消彼长、新旧交替的运动轨迹上生成了诸多复杂流动的矛盾问题，对城市治理带来了极大的挑战。虽既有的制度创新改革尝试拓宽多元利益的表达渠道、提供开放共享的平台、优化部门职能设置、注重社区切口，推动多维主体良性互动、共商共治，探寻整体效应，进而振兴基层治理的活力。但随着上海趋向体重更巨、内外异质、流量为主、美好为盼的方向发展，粗放式管理模式、分散化组织体系、事后介入型治理手段等制度“短板”再难隐藏且负面影响持续凸显。城市的迅猛发展带来了更多治理难题，复杂化的治理场景、效能不高的服务供给、资源与沟通难以畅通等，有赖于更深刻的制度创新，从点、线、面三方格局，精准地接入超大城市治理全流程中，基于全过程人民民主视阈，事前、事中、事后加强与完善配套整体制度体系建设。然而，顺着行政逻辑的制度创新改革经典模式，对超大城市治理难题不敏感、应对不暇、事后监管不当等制度空白增多与缝隙渐宽，制度与超大城市治理间缺乏精准的嵌入机制，仍处于浅且表的融合阶段。以精细填补粗放、以整体弥合分散、以事前源头应对治理压力成为制度体系创新与设计的必然进路。

---

① 易承志：《城市居民环境诉求政府回应机制的内在逻辑与优化路径——基于整体性治理的分析框架》，《南京社会科学》2019 年第 8 期。

制度与常规治理制度间结合有壁。基于既有制度呈现出明显的空白缝隙，拖累治理效能之时，制度创新具有不言而喻的现实意义，但这并不能总结得出制度原身是劣性的结论。基于短期内超大城市多维治理要素的变化带来的不应期，制度常常具有短期内产生明显效果的目标、针对眼前问题提出暂时机制方案的特色，而非根植于常态化治理情境、寻求长远式解决方案。此外，制度的碎片化运行亦制约其与常规治理制度间的有效结合。遵循“事本主义”原则生产的制度，具有明显的时效性，而长远、持续、整体地运行非当下考虑的重点。① 面对新的治理难题，各职能部门基于自我组织的考虑，在资源独用、信息独享、沟通匮乏的非协商行事模式下，制度的适用性与兼容性较弱，彼此间难以串联。因而，当依托创新化机制渡过了暂时性难关后，修正常规治理制度特色而生成的制度何以嵌入常规性治理制度，成为一大难题。

二、制度运行的效能与可持续程度问题

制度运行的效能偏离预想轨迹。制度创新与设计中，制度体系内里相连、层层分工，复合形成制度整体性多功能。然而，制度在实际落实与运行中，设计的功能未能完全激活。多项机制在勾画中虽搭建了多渠道民意征集机制，但激发人民群众广泛地参与政治生活的功能实际落实成效，却处于“半开合”的尴尬局面。基层立法点的设立、自治三会制度等拓宽了普通民众、工人、专家学者、社会精英等皆合法、有序地参

① 黄晓春:《当代中国社会组织的制度环境与发展》,《中国社会科学》2015 年第 9 期。

与政治生活的渠道，但仍有较多群体处于不发声、不主动的行事模式，积极参与政治生活的仍是“老面孔”，人民群众“主人翁”意识仍有待广泛及深度地激发。制度效能的提升依靠短效，甚至是浅层创新机制的推动，然而这并非长久之计。社会参与不够、信息沟通渠道不畅、政治生态环境仍待优化等多方顽疾根植于制度运行流程中，加之专业原则与部门逻辑长期占据主导地位，分散化效应渐渐消弭制度整体效能的全力释放。

制度运作呈现反方向。信息技术的广泛使用为制度插上了“现代化”翅膀，打通了更快实现目标的坦途。以技术使用提升治理智慧化程度是机制设计初衷，然而，在实际运行过程中，为配合信息技术的智慧化应用场景，职能部门须历经学习新技术、修改传统工作模式、摸索新旧融合的工作模式、应对新的绩效考核等工作流程，给本就负荷累累的职能部门工作人员带来了更重的任务负担，呈现出“未因智慧技术而变得智慧行事，反而为实现智慧而更加人工”的反向效能表现形式，拖累制度效能实现正向增长。同时，信息技术本着惠人的目的，却在实际运行中，无形中化身成为制造新“鸿沟”的始作俑者。当电子政务痴迷于互联网、计算机打造的现代化美景中，其标准化使用模式隔绝了老年群体、残障群体、学历较低等，为其贴上“数字弱势群体”的标签①，被

① 赵豪迈、白庆华：《电子政务“数字鸿沟”分析与数字援助政策》，《情报杂志》2007 年第 3 期。

隔绝在享受便利技术服务的门外[①]，成为信息覆盖的外圈群体。

制度的可持续程度有待提升。制度何以兼顾民主性、法治性，全方位压实制度运行全流程，提升制度可持续性运行程度，亦是未来制度创新的重点。制度并非终止于口号的发出、牌子的上墙，而是囊括全流程、全方位嵌入人民群众的真实生活。因而，制度的创新与设计应坚持群众导向，根植于人民群众的真实生活、出于更好地为人民群众提供更优服务的目的。既有制度体系的设计均着眼于精细规范民意反映与征集机制、拓宽人民参与政治生活的渠道，然而全民参与的政治生态氛围的形成非一朝一夕即可实现。弱势群体的利益诉求反映渠道匮乏且断裂；信息非完全、透明、标准化公开；居民“主人翁”意识尚未完全觉醒，较多群众参与政治生活的热情需要强有力的外界刺激，而非持续积极主动地参与政治生活。除此之外，民主性与公共服务间的关系与平衡仍处探索中。同时，制度的可持续化运行亦有赖于完备的法治建设提供坚实的保障。人民代表大会制度、基层民主、参政议政机制、职能部门的参与、信息公开、权利维护、民意征集复合的制度体系整体有赖于健全的法律机制提供平滑运行的保障，内里具体机制的运行亦离不开法治的规范引领作用。

三、进一步推进全过程人民民主实践的问题

全过程人民民主创新边际效益递减。随着基层因地制宜，基于全过

① 中共上海市委党校课题组：《数字化转型背景下政务服务中“数字鸿沟”问题探究——以上海市“一网通办”为例》，《江南论坛》2022 年第 9 期。

程人民民主理论视域，修正旧有制度中群众诉求无门、管理粗放、条块协调难、矛盾解决链条断裂等顽疾，超越痛难点，抓管理、抓队伍、抓功能，机制与实践创新创造了明显的制度效能。全过程人民民主创新改革发展至今，从总体来看，制度与实践的不断发展、上海城市空间内多处“样板案例”的打造，丰富且压实了全过程人民民主，提升了总体效用。但从经济学中边际效用的视角看①，随着越来越多创新案例的涌现，社会从中直接感受与享有的服务效能将呈现出边际递减效应。且作为超大城市的上海，面临着人口流动大、城市体量巨、矛盾复杂且影响力大的社会背景，浅层次的制度微调经验已不适用，寻求制度创新以解决层出涌现的治理难题的新关键点难度大且束缚多。创新若是依赖对过往颇具成效的机制进行复制粘贴的路径，将不可避免地成为事倍功半的政治工程。

全过程人民民主创新陷入“内卷化”困境。“内卷化”一词本是农业经济研究领域用于阐述“投入大量农业劳动力，以实现总量增长”的情形。但历史学家黄宗智指出，“内卷化”已不再只是农业经济研究领域专业用词，当其他领域中出现了没有实质变化、反而投入越来越多的劳动的现象时，亦可使用“内卷化”一词对其进行精准且简洁明了的表述。②在超大城市复杂的治理背景下，见效快、触及治理难题皮毛的机

① ［美］保罗·萨缪尔森、威廉·诺德豪斯：《经济学》（第 19 版），萧琛主译，商务印书馆 2014 年版，第 97 页。

② 黄宗智：《小农经济理论与“内卷化”及“去内卷化”》，《开放时代》2020 年第 4 期。

制创新与改革模式早已无用武之地，全过程人民民主实践创新自然而然地朝向纵深处延展，然而深层次改革的有效进行与社会治理的成功转型并非易事。因而，部门为不停歇地追寻亮眼成绩，忽略能力赤足、模式漏洞、手段强硬、运行分散、理念分割等阻挠全过程人民民主有效前进且难以攻破的问题，转而将更多精力投入寻找响亮口号、夸大行事结果的无效努力中。部门在完善信息公开机制中，钻入标准尚未明晰的漏洞，将使用互联网、计算机或者大厅的展示墙等同于信息有效的公开。或是在绩效考核期，准备两版材料，一方纸质，一方电子，将之等同于信息技术嵌入治理全流程、运用信息技术加强职能部门运作与数字化考核管理等。实际上，这些大都是在实践中无效地投入可观的人、财、物力，未在有限空间中有效地利用有限的资源，甚至浪费资源追求无质变的结果展示模板。人民群众并未了解到更多期盼的信息，更未切实感受到公共服务的提升，各个组织队伍间仍处于信息不对称、沟通不畅通的协商难题里，制约全过程人民民主的进一步创新。

全过程人民民主创新如何化制度存量优势为增量，上海作出了更多大胆且有益的实践尝试。新的时代背景下，囿于浅层表面经验、透支过往经验成就的路数已然行不通。上海坚持贯彻党的二十大精神引领，立足既有的制度优势，深度扎根超大城市特性与上海实际，集合人民代表大会制度、参政议政制度等制度的深刻改革经验，将超大城市空间科学规划成精细网格单元，因地制宜，聚焦属地困境、挖掘本土专业制度优势，融精细力量于系统化制度创新体系中，寻求属地全过程人民民主制度创新化探索机制，抓重点问题、关键领域，广泛凝聚民间智慧，优化信息技术嵌入机制，开辟制度创新的实践进路。上海抓住全过程人民民主进一步创新的关键机遇，不只是微调制度的外在表象，而是着眼于超越既有的粗放式管理、漏洞百出的社会照看手段，明晰基层立法联系点制度和民生实事项目代表票决制等制度体系内外里功能定位，跳出运用管理车间的方式照看社会的管理思维，大胆尝试搭建片区平台，显化政协委员前瞻性协商民主能力，克服职能部门固有顽疾，平衡信息技术使用场景中“智慧”与“人工”间关系，深化创新管理程度，潜行渐进从管理向治理升维，多举措并行，开辟全过程人民民主的实践路径。

第三章

上海全过程人民民主创新实践案例分析

作为中国最大的城市之一，上海在全过程人民民主工作中取得了显著的进展。这座城市以其独特的历史和文化背景，以及人民对民主价值的不懈追求，还有对全过程人民民主内涵与外延的不断探索，取得了较为丰硕的成果，成为了全国乃至全球范围内人民民主实践的一个引人注目的案例。本章将深入探讨上海在人民民主工作中的经验和成果，展示这座城市在促进公民参与、加强社区自治、推动社会公平正义等方面所取得的伟大进展。

第一节　基层立法联系点

基层立法联系点在基层立法工作中起到了至关重要的作用。作为政府与社区居民之间的桥梁，基层立法联系点能够促进信息沟通和反馈，代表社区居民利益，反映多元需求，反映实际情况，加强民主参与，从而确保基层立法更加贴近实际、合理有效。上海市虹桥街道基层立法联系点的创新实践为我们提供了独特的视角与宝贵的经验。

一、虹桥街道基层立法联系点工作经验

2015 年 7 月，全国人大常委会法制工作委员会将包括上海市长宁

区虹桥街道在内的4个地方和单位设为首批基层立法联系点试点单位，其中只有虹桥街道是设在街道层面的基层立法联系点，也是东部地区唯一的基层立法联系点。2016年6月，虹桥街道辖区内的古北市民中心也被设为首批上海市人大常委会10家基层立法联系点之一。2019年，习近平总书记在虹桥街道考察时，首次提出“人民民主是一种全过程的民主”的重要论述。①

自虹桥街道被设立为基层立法联系点以来，便通过各类实践不断丰富和拓展着全过程人民民主的深刻涵义。如今虹桥联系点已成为人民群众参与立法工作的重要形式、宣传展示全过程人民民主的重要平台，是法治建设与发展全过程人民民主的重要结合点。通过不断扩大的群众基础和参与直接民主的积极性，虹桥联系点形成了强大的号召力和凝聚力，民主活力和民主热情不断提升，人民踊跃参与，社会广泛关注，反响积极，促进了人民民主和民主立法的深入发展。虹桥街道在深入贯彻落实全过程人民民主的过程中，始终坚持“鼓励参与、形式多样、质量优先”的原则以征询公众立法意见，在实践中逐渐形成了关于基层立法联系点的虹桥经验。②

在立法意见征询工作中，虹桥联系点采取了多项创新措施，形成了充分践行全过程人民民主的虹桥经验。第一是民意全覆盖。为确保广泛

---

① 张树华:《发展全过程人民民主》,《红旗文稿》2021年9月10日。

② 《“虹桥经验”：基层立法联系点六大工作法》，全国人大微信公众号，2023年5月7日。

征求群体意见，立法意见征询工作注重关注弱势群体，如空巢老人、高龄老人和残疾人，以保证意见征询的广泛性。这种创新做法提升了立法意见征询的效果和质量，让社会多元群体都能体会到民主的温度的法治的力量。第二是链接全流程。在工作程序上，立法联系点遵循立法程序前、立法过程中、立法完成后的顺序设立了多项环节和流程，如立项、起草、调研、审议、评估、宣传和实施等，实现立法程序的严谨有序，从而保证公民能够参与立法的全流程，实现科学立法、民主立法、依法立法。第三是信息全方位。为促进社会各方有序参与立法意见征询，倾听基层人民群众的声音，虹桥联系点在辖区内充分运用合作单位设立多个信息采集点，收集各方意见，推动工作整改。信息采集点的功能有两方面，一是在基层调研中征求社会各方对法律草案和决策草案的意见，二是通过采集点广泛进行法律宣传。第四是联动全行业。为有效开展立法意见征询工作，各联系点积极与其他领域进行联动，深化合作，优势互补，统筹整合各方资源，促进区域联动。联系点通过行业联动，有效提高了意见征询工作的效率和质量，同时也增强了工作的针对性、广泛性和有效性。第五是征询全领域。虹桥联系点充分发挥立法意见征询的功能增量，与法律行业的专家、学者和顾问协同合作，探索形成了创造性的“一二三四”工作法，并确定了八步工作流程。① 同时，立法工作深入各类区域和组织，如校园、楼宇、企业和社会组织等，举办了参观

① 王海燕：《小小联系点诠释“全过程人民民主”大气象》，《解放日报》2021 年 7 月 26 日。

调研、问卷调查、网络征集、群众座谈会等形式多样的活动。通过这些创新举措，虹桥联系点致力于推动立法意见征询工作在不同领域中取得更大的成效。

二、基层立法联系点制度的功能定位

（一）畅通民意表达，提高民主意识

我国之所以建立基层立法联系点，最重要的目的就是为了畅通人民群众诉求的表达渠道，推动实现立法的科学性和民主性。虽然我国已经具备比较健全的立法参与体制机制，绝大部分的社会公众都可以通过直接或间接的方式参与立法过程。但是实际践行的过程中，我国立法参与的民主性依然有待加强，基层群众和社会组织表达意愿和诉求的渠道较少，除了社会公开征求意见和人大代表反馈意见等群众意见征求形式，整个立法过程以专家参与和各级各类国家机关参与为主，基层人民群众参与立法的渠道不够通畅，难以实现全面深入参与立法。除此之外，社会公众的立法参与意识不足，导致法规草案向社会征求意见时群众的热情度不高，没有形成公众参与立法的积极氛围。设立基层立法联系点不是为了重新整合和设置原有的立法参与机制，而是为了进一步拓展立法参与的范围，做到多元利益主体全覆盖，是对立法工作的补充和完善。

除了扩大民意表达渠道，基层立法联系的重要功能还在于法制宣传和法律咨询，大力推动了基层群众的知法学法守法。以虹桥街道古北市民中心为代表，古北市民中心探索形式丰富的立法实践活动，设立多样化的实践活动空间，激发基层群众参与民主立法活动，如设立了基层立

法联系点图书角，其中包含多种政法相关的图书文献，以供居民参阅，让法治意识深入人心。除此之外，古北市民中心邀请专业法律人士定期举办线上线下相结合的法律知识普及讲座，向基层群众宣传法律，提供法律便捷服务，普法进基层，解答法律疑问，营造法治氛围。① 基层立法联系点的建立有助于培养法律意识，传授法律知识，弥补法律盲区，公民通过参与各类活动了解法律、学习法律，提高政治参与意识，推动建立全民守法、全民学法的现代化法治社会。

（二）完善立法程序，提升立法质量

基层立法联系点的设置除了满足民主需求，更源于立法公正这一核心价值的不断追求。立法公正是法治公正的起点，要求以公平正义的价值观统领立法工作的整个过程，这样的法才是从根本上保障和体现最广大人民根本利益的"良法"。虹桥联系点在立法程序中注重流程的合法性和有效性，以确保意见征询的科学性和民主性。首先，在立法规划草案征询意见阶段，联系点征求全国人大常委会对于年度立法规划和具体立法工作计划草案的意见建议，人大及其常委会在立法工作中发挥着重要的主导作用，从而确保立法项目的有序进行。其次，在立法意见征询之前，虹桥联系点注重扩大征询范围、精确征询内容、丰富征询形式，并通过法律草案解读和宣传，呼吁群众的广泛参与，确保实现意见征询对象的广泛性。在立法意见征询过程中，联系点强调意见主体的多元化

① 《"虹桥经验"：基层立法联系点六大工作法》，全国人大微信公众号，2023 年 5 月 7 日。

和意见内容的典型性，将收集到的众多意见建议分类整理，将其总结并形成立法报告，提交立法部门。在立法意见征询完成后，联系点按照一定的标准和方法展开立法后评估，评估立项、起草、审议到通过的各个环节，总结立法工作经验，反思立法工作是否实现了预期目标，从而促进基层立法联系点工作的科学化和规范化。各个立法流程的有效实施将确保在立法过程中充分倾听各界意见，提高立法的质量和效果。除此之外，基层立法联系点有利于提升法律的权威性，使人民群众能够真正认同并践行法律。首先，基层立法联系点创新了立法模式，拓宽了人民群众的立法参与渠道，立法建议的精准度显著提升，立法质量有效提高。其次，基层立法联系点具有专业的法律队伍和专家人才，将群众的合理意见建议转换为专业化的法律语言，使群众的需求得到了充分的尊重和保障，在这一过程中，立法工作中的群众纠纷和抗议会大大减少，法律顺其自然地得到了公众的服从和认同，法的正当性和权威性增强。

（三）满足社会需求，推动民主法治

随着中国经济社会不断发展，人民群众在法律方面的需求日益增长，因此必然要不断推动精细化立法，解决立法不足、无法可依等问题，更好地满足社会公众的法律需求，提高社会整体福祉。在这一背景下，基层立法联系点的建立使立法工作与基层群众直接相连，搭建起人民群众与立法机关沟通的渠道，能够使立法机关深入基层直接了解社会立法需求。同时，基层立法联系点推动了不同社会群体、经济利益方、民间组织等在立法过程中充分表达不同的意见和利益，立法者可以了

解到各种观点和利益的存在，避免偏袒某个特定群体或利益方，使得立法更加公正和全面，减少利益冲突和对立，增强立法的可行性和可持续性。并且通过听取不同利益方的意见和建议，立法者可以获得更广泛、更全面的信息，从而做出更明智、更符合实际的决策，提高法律的执行力和社会接受度。

基层立法联系点的建立对我国立法工作做出了重要贡献，不论是社区居民、企业白领、青年学生还是国外来华定居者，他们通过参与基层立法联系点工作，获得了亲身经历，成为了讲述中国民主故事的主要角色，以朴素的语言、生动的故事、真实的体会，生动地展现了中国特色社会主义民主的温度、广度和深度。广大群众的参与和见证，将中国民主的发展成果以生动的形式传递给全世界，进一步加深了人们对中国民主发展的认知和理解，更加深入地了解中国特色民主的实践与成就。实践证明，基层立法联系点已成为展示中国特色社会主义民主的重要平台，承载着贯彻“全过程人民民主”重要论述的责任。基层立法联系点将不断丰富基层民主实践的发展，进一步推动“全过程人民民主”的建设。

第二节　民生实事项目人大代表票决制

民生实事项目人大代表票决制在实现人民民主、推进以人民为中心的发展思想、促进基层治理现代化等方面具有重要的意义。通过多元主体参与、解决人民关切、发挥人大代表作用、增强民主监督等方式，该制度能够实现人民真正参与决策、监督政府的目标，为增强人民群众的安全感、幸福感和获得感做出积极贡献。

一、七宝镇实施民生实事项目代表票决制的“四张清单”

民生实事项目人大代表票决制，是指政府在广泛征求人民群众和人大代表意见建议基础上，提出为民办实事候选项目，经人大代表在人民代表大会期间，以投票表决方式决定当年度为民办实事项目，由政府组织实施，并接受人大代表和人民群众监督的制度。① 该制度通过多元主体参与解决人民最关切的难题，是充分发挥人大代表作用的人大制度创新举措，有利于践行以人民为中心的发展思想，推进基层治理体系现代化，增强人民群众的安全感、幸福感、获得感。在民生实事项目人大代表票决制的具体落实中，2018 年起，上海市七宝镇率先走在全区前列，从 2018 起深入落实该制度，2019 年首次票决，推动群众需求和政府服务精准对接，在全镇改革发展的过程中切实推进和践行全过程人民民主，结合实际工作情况，厘清民生实事项目代表票决制的“四张清单”。

一是“问题清单”。七宝镇人大在党委的支持下，健全和完善票决制的各个环节，明确票决的步骤和方法，推动代表票决制有序统筹推进，实现整个过程的科学化、规范化和可控化。为了使候选项目贴合群众需求，镇人大在候选项目形成阶段就通过多种渠道和方法收集民意。为了更好地采纳群众呼声，七宝镇制定了人大代表固定联系选民的创新

① 贺伟军：《推进基层民主治理的务实举措——“民生实事项目人大代表票决制”的理论价值和实践思考》，《人大研究》2019 年第 2 期。

性工作机制，为推动基层治理赋能添力。2022 年，七宝镇人大启动“民情气象站·民心联系人”启动，七宝的区、镇两级人大代表每人确定了 5 位选民骨干作为固定联系对象，围绕听民意、汇民智、聚民力，发挥好民心联系人和民情联络员作用。代表们通过座谈、走访、电话等方式，与选民骨干建立起常态化联系，随时倾听选民意见，主动当好人民群众的好代表。除此之外，七宝镇利用互联网新媒体技术，在每年第三季度，通过官方微信公众号和本地报刊等媒体发布项目征集公告，广泛征求基层群众面临的热点难点问题，盯紧群众的“急难愁盼”，最终形成符合民心民意的“问题清单”以更好的进行决策。①

二是“候选清单”。在充分采纳群众的建议和需求后，就要进行项目决策完成“候选清单”。在项目决策会议上，镇人大代表突出问题导向，紧紧抓住人民群众最关心最直接最现实的利益问题，集体讨论项目的可行性和必要性，确保项目具有公益性和普惠性，科学合理决策下一年度的候选项目。确定正式项目最重要的流程就是具有高效规范的项目票决环节，人大代表小组会根据公众提出的问题进行仔细研究和斟酌，对每个项目进行审慎评议，确定最终实事项目，之后通过线上与线下相结合的方式及时向群众发布票决结果，不仅提升了票决工作的效率，也增强了票决制度的透明性和公开性。在实事项目的问题确定到项目形成的阶段中，纳入民意、民主决策、代表票决等环节都充分体现了社会主

① 《七宝镇厘清“四张清单”民生实事可感可知可及》，上海人大微信公众号，2023 年 2 月 3 日。

义民主的科学性、有序性和活力性。

三是“监督清单”。民生实事项目正式确定后，政府迅速开展民生工作，及时分解项目任务，为了真正把民生实事落实，七宝镇在民生项目实施过程中充分注重督查问责工作。比如镇党委研究成立了督查问责办公室，负责全镇的督查问责工作，定期开展项目监督活动。民生实事项目的督查主要聚焦于项目落实过程中的重点难点问题，针对这些问题，七宝镇及时研究相关解决对策，先从重点工作目标量化开始，明确任务时间节点，有序推进，后续将通过跟踪督查推进进度，最后抓主责履职问责，逐项落实各项民生项目。为保证督查工作的科学性和专业性，七宝镇联手第三方专业评估机构进行项目实施评估，根据实际情况提出更具有针对性的合理意见，并且民生实事项目的直接受益群众被首次邀请参与项目实施的监督工作，充分调动了群众参与的热情，广泛激发社会多元力量在基层民主实践中的积极性。①

四是“测评清单”。民生实事项目是解决民生诉求，是事关群众切身利益之事，因此群众便是最公正的裁判员，应该把实事项目开展工作好坏以及项目落实情况的评价权交给群众，使群众对民生项目进行监督和评价。实事项目的测评打分通常在年底进行，首先镇政府向全体人大代表汇报本年度民生项目开展和完成情况，其次各人大代表结合汇报情况和调研结果以无记名电子投票的方式对项目进行打分，最后及时向

---

① 《推进政府实事项目人大代表票决制》，上海人大微信公众号，2023 年 2 月 3 日。

社会公布这份记录项目开展好坏的“测评清单”，整个流程形成监督闭环，保证公开、公平、透明。七宝镇通过对民生实事项目的有力监督和测评，不仅能回应群众关切，更能倒逼相关部门担当作为，让实事更实，加快实施项目的开展，如维护保养和加固河段护栏、整修铺平道路凹坑、加装老旧小区电梯等一系列符合民意的民政项目相继完成，在经济与社会协调发展中促进民生持续改善。

二、民生实事项目代表票决制的基本功能

（一）推进地方政府民主决策

民生实事项目代表票决制是实行人民民主长效机制的举措，深刻推动地方政府的民主决策。第一，民生实事项目代表票决制代表了民意体现。该制度以解决“民办实事”为首要原则，通过多元主体参与，畅通民意表达，使政府决策能更好地解决群众关心的民生问题。这一制度不仅弥补了政府决策与群众需求之间的差距，有利于精准识别群众需求；同时，防止政府投入的民生项目与群众需求脱节，使政府决策具备群众支持。第二，民生实事项目代表票决制将票决民主与协商民主相结合。人大代表承担项目的决策权，在经过党委、政府和人大的集体讨论和协商后项目才能得以真正落实，政府所有重大决策出台前都要向本级人大报告。第三，民生实事项目代表票决制是一种新型民主决策模式。该制度将民生实事从政府“为民做主”的决策方式转变为“由民做主”的新型决策模式，增强人大监督实效。公众可以通过人大代表自下而上地表达诉求，推动民生项目与自身需求的精准衔接，同时人大代表坚持量力

而行的原则，约束预算不合理或超出能力范围的项目，确保项目具有广泛代表性和普惠性。第四，民生实事项目代表票决制融合了人大的决策权与监督权，既发挥了人大决策权的实效，又能有效监督和规范政府的决策行为，推进人大各项工作更好地表达人民意志、保障人民权益、激发人民创造。

（二）确保公共资源合理配置

政府财政资金取之于民、用之于民，但面对众多民生需求，有限的资源需要合理配置，着重解决群众现实的利益问题。民生实事项目代表票决制顺从民意，听取民心，由人大代表票决确定人民群众关心的民生实事项目，解决了资源配置矛盾和公共服务不平衡问题。除了防止资源浪费，该制度还紧密关注人民群众的需求，在地区和部门利益的平衡中使资源能够最大程度的覆盖所有人民群众，避免财政资源过度集中或倾斜的问题，保证资源利用的合理性和公平性。实践证明，民生实事项目代表票决制能够选择受益人群广泛、问题突出、紧迫的民生项目，在经济发达地区，可以通过在大项目下实施小项目来充分利用财力；而在经济欠发达地区，应依靠上级部门资金扶持和配套服务，避免过度追求项目数量，适度将上级配套项目纳入本级票决项目执行。

（三）保障民生项目有效落实

民生实事项目代表票决制包括多个流程，各个环节的结束并不意味着票决工作已经完成，只有民生问题得到切实解决并进行测评和打分后，票决工作才算顺利完成，确保民生项目能够有效实施和真正落实。

具体来说，首先，政府在政策实施过程中更加重视民生实事项目的建设，因为代表票决确定的民生项目不仅具有民意基础，还具有法律约束力，因此政府对这些项目高度重视。此外，地方政府聚焦目标任务、细化工作举措并将任务分解到具体单位和部门，压实工作责任。其次，人大代表强化跟踪问效和评估测评，实行全流程全要素监督，并将测评结果与综合考察结合，推动政府高效率、高质量完成群众关心的民生实事项目。同时，人大代表发挥联系群众的作用，协助政府进行思想动员、票决宣传、调节矛盾等工作，充分调动社会多方力量。最后，代表票决制产生的民生项目与群众需求相契合，因而能获得群众的广泛支持。在项目推进过程中，群众真正知晓政策、认同政策，反而会积极配合并推动项目的开展，促进政府按时完成任务。

（四）发挥地方人大职能作用

民生实事项目代表票决制使地方人大能够充分发挥各项职能。第一，在权力方面，民生实事项目代表票决制将人大代表的决定权和监督权相结合，深入基层和群众，聚焦于人民群众的切身利益，将民生问题纳入决定范畴，不仅使人大的决定权得到强化，而且增加了其使用频率，拓宽了决定权的覆盖范围，使人大决定事项更加具体和精准。[①] 第二，在监督方面，民生实事项目代表票决制通过代表项目测评机制创新等方式加强了人大的监督职能。通过划分代表联系监督小组，代表票决

---

① 周光辉、刘传明:《民生实事项目代表票决制：破解地方政府“民生难题”的制度创新》,《理论探讨》2023 年第 2 期。

制对实施项目实现精准发力和跟踪监督。代表票决制还通过定期调研、征询、视察和交流等方式，深入拓展了对民生实事项目的全流程监督。项目完成后，将项目评估与政府的年度综合考核相结合，增强人大的监督实效。第三，在平台方面，代表票决制通过健全新机制搭建新平台，增强人大代表的履职能力，行使好手中人民委托的权力。

第三节　政协委员参与片区治理

在城市治理中，片区治理作为一种新的模式，成为振兴基层治理活力的新抓手。不同于网格化管理模式，片区治理追求在更广阔的城市空间中回归城市治理本质，并与城市发展同频共振。随着基层社会中各种复杂异质的矛盾问题不断涌现，网格化管理模式的局限性暴露无遗。在这一背景下，片区治理模式应运而生，为基层治理的发展开辟了新的道路。

一、片区治理协商民主的徐汇进路

片区治理被赋予“成为振兴基层治理活力新抓手”的美好期盼。不同于网格化管理模式，片区治理寻求在更广阔的城市空间回归城市治理本色、与城市发展同频共振。片区治理的出现具有规律性与必然性。随着各种复杂异质的矛盾问题在基层社会中涌现，网格化管理模式的弊端暴露无遗：政府希望加强照看基层社会每一寸土地的能力，通过将城市空间基于原有的行政区划再往小了“画”，直至成为仅囊括万米地理空间的网格“车间”，并从中输送资源、优化配置，希望能够提升问题解决能力、更好地向人民群众提供公共服务。然而，小网格中依然会层出不穷地涌现各式复杂矛盾问题，给政府带来极大的压力。在治理思维的引导下，片区治理模式应运而生，为基层治理的发展开辟了新的进路。

上海市徐汇区片区治理改革实践方兴未艾。承接徐汇区“1+6”改革，徐汇片区治理在探索中，已逐步形成工作模式、组织体系等，《关于深入学习贯彻党的二十大精神　扎实推进中国式现代化　在新征程上奋力推进“建设新徐汇、再造新徐汇”的实施意见》进一步明确了徐汇片区“1+4+N”运转机制，具体表现为“处级领导包保、机关干部下沉、条线部门支撑、区域单位共建、多元力量参与”。徐汇区片区治理在党建引领下，以片区党委牵头抓总，协调各方，联络相关职能部门、公众、人大代表、政协委员进行座谈会。通过前期征集民众呼声，总结与整理片区中最核心的痛点、难点、阻点，在座谈会中，多元主体对其进行会商讨论，尽可能地将群众意见、委员智慧纳入问题解决方程式中，以期寻找问题解决的最优解，并形成片区共性问题的统一的、可推广的、可延续的解决模版，在化解层层叠叠堆积在片区中的顽固问题、新鲜杂症，提升决策普惠性，不断提升群众的满意度、获得感，建设徐汇美好社区。

片区为协商民主的发展提供了更广阔的平台。人民政协作为协商民主中的重要形式，在助推徐汇片区中复合的多领域复杂问题解决中持续地发挥着加速器式的作用。在坚持和贯彻党对人民政协工作全面领导的重要原则前提下，徐汇片区中政协密切联系徐汇区居民、在片区座谈会中与人民群众亲切沟通与交流，实地调研，重点关注徐汇片区中“生活盒子”建设与功能完善、优化“15分钟生活圈”内核与外延等切实关乎人民群众利益之事。政协委员深入徐汇片区中群众生活，聚焦民主领域问题，听群众心声、集群众愿望、提专业议案，赋能徐汇美好生活的打造，满足人民群众对美好生活的需要。

二、政协代表参与片区治理的创新机制

（一）政协嵌入街镇一角，缩短与人民群众的距离

党的二十大报告指出：“全过程人民民主是最广泛、最真实、最管用的民主。”过往，政协委员与人民群众沟通与交流的模式较为单一，主要是通过街道办活动，政协委员无法面对面与人民群众沟通，极大地阻碍人民群众与政协委员间的联系，无法在基层层面压实协商民主。徐汇区通过片区治理创新，在街镇中直接设置“政协办公一角”，政协委员被分组派至不同街道的中、办公室位移至分派的街道，形成政协委员“在基层开展调研、在片区平台协商问题、在片区化解矛盾、在片区凝聚政治共识”的工作体系。

片区囊括更广阔的地理空间，自然而然会吸纳更多更复杂的基层问题、碰撞形成更复杂的矛盾，同时，也为美好社区的建设与发展带来了新的机遇。政协委员通过实地调研徐汇片区生活盒子，通过专业的眼光审视、与公众直接交流，了解到群众关于公众关于生活盒子的建址、内部服务优化等方面的新鲜“泥土”意见与建议，并进行完整的记录，形成专业化提案，做到了问需于民、问计于民。同时，政协委员通过组团

式走入片区，考察片区中“三旧”变“三新”的推进情况，为老旧社区去“旧貌”、换“新颜”提供科学的解决意见。习近平总书记关于加强和改进人民政协工作重要思想中人民性的重要体现是保证人民当家作主。徐汇片区中，政协委员直接嵌入街道中，“零距离”与居民沟通交流，及时收集与更新人民群众变化中的需求与需要，片区更是为不同的利益诉求与意见表达提供了平台。通过广泛凝聚来自人民群众的多样化意见与建议，在保证思想政治引领的同时，最大范围凝聚人民群众思想之共识，画出最大同心圆，推进全过程人民民主的发展。

（二）打造“三轮驱动”新模式，以人民群众需求为出发点与落脚点

徐汇片区积极探索专委会、界别、街镇联络组“三轮驱动”新模式，打造丰富多样的协商形式。一是打造政协委员的两个“厅”，分别是“委员会客厅”和“委员议事厅”，实践开阔人民群众参与协商的路径，使得政协工作主动深入人民群众的生活中，去掉神秘面纱，提升决策的烟火气、连接地气。二是创办界别微论坛，举办主题专项系列活动。界别作为人民政协产生、存在与发展的基础，具有智慧凝结、位置超脱等显著优势，对于不同领域的问题，界别得以凭借其专业能力提供智慧建议。徐汇片区通过举办“界别微论坛”系列活动，推动跨界别联合履职。各界别组织不同政协委员参与专业领域主题徐汇论坛，邀请委员实地寻访民生实事项目的建设与打造，通过专业眼光，挖掘民生实事项目落实中的优势并发扬、抓住其他被忽视或隐藏的“雷管”问题，为更好地推动民生实事项目的建设提供前瞻性专业提案。通过在关键领域与重点

环节对民生问题进行调研与推进，助推全过程人民民主的理论从宏观与部分中观层面嵌入基层治理项目中，实现全过程人民民主的价值回归。

（三）牵头举办趣味性艺术活动，不断满足人民群众对美好生活的需要

政协委员的职责与功能落脚点并不在于实质性地解决某一项具体问题，而是依托其力量，赋能疑难杂症的快速解决，契合片区治理的运转逻辑。

当下，人民群众随着物质生活品质的提升，追寻更高层面的精神文化需求的满足。习近平总书记生动阐述："人民政协要把不断满足人民对美好生活的需要、促进民生改善作为重要着力点。"①政协委员通过与人民群众的持续性、广泛性交流，实时把握人民群众多样化的美好生活构想蓝图，在深化对于自身工作认识的同时，强化人民政协的人民性事业特征。政协委员了解到徐汇片区中居民对于学习党史、传承红色资源具有极高的需求与强烈的热情，组织牵头相关职能部门，开展趣味红色体育活动等，使得居民在享受娱乐健身活动的同时，强化"四史"学习，感受徐汇区独特的红色文化资源和深厚的红色文化底蕴，传承红色体育精神，用脚步与汗水擘画全过程人民民主的发展蓝图。

政协委员积极挖掘人民群众隐藏的精神文化需求，通过在片区中组织开展丰富多彩的艺术展览活动，激发隐藏的精神文化需求显现。2023

---

① 习近平：《在中央政协工作会议暨庆祝中国人民政治协商会议成立70周年大会上的讲话》，《求是》2022年第6期。

年，徐汇区政协在上海中国画院美术馆举办第一期“艺术赋能”主题讲堂活动。此次展览，展出近百件书画大家的绘画、篆刻作品，覆盖书画、歌剧、京剧、竹笛等多艺术领域。政协委员深刻发挥自身的资源优势，使得人民群众能够趣味式了解中华优良传统文化，激发人民群众的多元兴趣爱好，推动了中华优良传统文化的传承。政协委员在参加活动的同时，亦能提升自我的艺术文化修养、升华审美层次，为徐汇美好社区的建设提供美学式、高质量的咨政建言。从党的十八大提出“人民政协作为协商民主重要渠道”、到2014年庆祝人民政协成立65周年大会上提出的专门“作为专门协商机构”、党的十九大报告提出“重要渠道和专门协商机构”，再到党的二十大报告中明确指出“完善协商民主体系，统筹推进政党协商、人大协商、政府协商、政协协商、人民团体协商、基层协商以及社会组织协商，健全各种制度化协商平台，推进协商民主广泛多层制度化发展”，都形象地表明人民政协在我国协商民主中的独特性。政协委员依托其专业能力与资源优势，发挥其“需求引领者与生产者”的角色作用，精准抓住人民群众潜藏的精神文化需求，通过组织开展主题专项艺术活动，刺激这类精神文化需求的需求，更好地满足人民群众美好生活的需要。

第四节　政风行风评议监督

行风评议监督在政府部门和公共服务行业中具有重要性。通过评议工作，可以推动作风建设、提升透明度和依法办事水平、改进履职情况、加强廉政建设，从而促进政府的良好治理和公众满意度的提升。上海市政风行风评议工作在丰富和拓展评议内容方面进行了创新，主要围绕中心对服务、责任对透明度、职能对履职情况以及法律对廉政表现进行评议，有效促进了政府部门的作风建设和服务水平的提升。

一、行风评议监督内容

根据国务院纠风办（2006）文件的定义，政府政风行风评议工作是一项民主监督工作。具体而言，政风行风评议工作是各级党委和政府通过公开评价的方式，对政府部门和公共服务行业的工作作风进行评议。上海市政风行风评议工作结合本市的实际工作情况，丰富和拓展了评议内容，只要围绕着以下四个方面进行评价。第一是围绕中心对服务进行评议，即参评单位是否认真履行职责，以及是否推动单位和系统内部的作风建设工作；第二是根据责任对透明度进行评议，即参评单位是否依法公开相关部门信息，是否落实责任制度以及是否能够依法办事；第三是基于职能对履职情况进行评议，评估参评单位是否存在不担当、不作为、慢作为、乱作为等问题，以及是否主动服务、切实解决群众关切的难题；第四是依据法律对廉政表现进行评议，重点评估是否存在执法不严、办事不公，以及是否存在以权谋私、钱权交易等行为。

行风评议的主要内容和评议范围并不是一成不变的，上海市根据每年不同的中心工作任务，相应增加或调整评议指标和评价标准。评议工作运用“监督＋绩效”的方式，对各项指标赋值，并在年中累加分值，根据一定的分数线评选出达标和不达标的单位部门，通过相应的激励措施促进公共部门进一步转变行政作风，提升服务质量和服务水平。

二、行风评议监督形式

（一）政风行风热线

2007 年，上海市纠风办和市委宣传部共同主办的“政风行风热线”在上海人民广播电台正式启动。该热线通过广播电台平台，实现政府部门和公共服务行业与群众之间的直接沟通和交流。[①] 这一举措旨在更加直接、便捷地倾听民意、了解民情、关注民生，解决群众利益受损的突出问题，以构建社会主义和谐社会。“政风行风热线”主要承担三项重要任务。第一是宣传和解读政策，并接受群众的咨询。通过向群众解释政策，回答他们的问题，热线为公众提供了一个了解政策、权益和责任的平台。第二是热线接收群众的投诉，并及时反馈处理情况。这有助于解决问题、消除矛盾，并提高政府的行政效能。第三是热线倾听群众的意见，推动工作的改进。通过接收来自社会各界的建议和意见，政府可以更好地回应民众需求，改善政策和服务，促进社会的进步与发展。“政风行风热线”是一项重要的政民沟通机制，架起政府与民众之间联系互动的桥梁。

“政风行风热线”开通后，政府部门和公共服务行业的主要领导纷纷走进上海人民广播电台直播室，与群众进行对话交流，接受咨询和投诉。每次直播安排一个部门或行业，也可根据需要同时安排多个部门或

① 《上海：27 日起将开通“政风行风热线”服务百姓》，中国政府网，https://www.gov.cn/govweb/fwxx/sh/2007-01/22/content_503143.htm，2007 年 1 月 11 日。

行业联合参与。在直播期间，群众可以通过上海人民广播电台的热线电话参与节目，非直播时段则可以直接向“政风行风热线”栏目组反馈意见。这一举措的目的是解决涉及政府部门和公共服务行业，以及工作人员的乱收费、乱罚款、乱摊派、办事推诿拖拉、态度粗暴冷漠等明显违法违纪违规、损害群众利益的突出问题。需要强调的是，“政风行风热线”并非信访机构。对于群众提出的重大、复杂、疑难的投诉事项，例如经济合同纠纷或涉及诉讼案件等，栏目组会建议投诉人向相关专门的信访机构或单位提出申诉。这样能够确保投诉事项得到更加专业和全面的处理。

“政风行风热线”为群众提供了一个直接向政府部门和公共服务行业反映问题的渠道。通过这一平台，政府能够及时了解并解决民生问题，改进工作作风，提高服务质量。同时，群众的积极参与也促进了政府与民众之间的互动和沟通，增进了双方的理解与信任。这一热线机制的实施，将进一步推动政风行风建设，优化社会环境，促进城市的发展和社会的和谐。通过广播电视“政风行风热线”，推动纠正行业不正之风工作取得了长足的发展，为切实解决广大群众的切身问题，密切党与群众联系发挥了积极作用。

（二）行风监督员

近年来，上海市按照中央的统一安排部署要求，聚焦中心工作，不断整治和规范各个行业的服务工作，为了进一步提高人民群众的满意度，上海市设立行风监督员，转变服务行业和行政机关的行风作风，进一步优化社会经济环境。监督员主要对本市行政系统部门和行业的政风行风开展监督，重点是监督有关行政审批、政务（办事）公开、办事效率、服务态度、规范收费、清正廉洁等方面的情况。

一是分层聘请，构建了多层次、全方位的监督队伍。2013 年，上海市专门出台了《上海市政风行风监督员工作管理办法》，对监督员的选聘范围、选聘标准、选聘程序作出了明确规定，特别是对监督员结构提出了比较严格的规定。市、县（市、区）纠风办，主要从各级党代表、人大代表、政协委员、党政机关、民主党派、群众团体、新闻单位、行业组织的工作人员及部门和行业监管或服务对象中选聘，纠风办工作人员原则上不受聘担任部门（单位）或行业自聘的监督员。

二是强化培训，提高了监督员的监督意识和履职能力。上海市对政风行风监督评议员进行必要的培训，及时向各监督评议员发送与其履行监督职责有关的文件、简报、信息及各种学习资料，为监督评议员开展工作提供必需的保障条件。在实际工作中，由各级纠风办牵头，采取以会代训、集中培训、专题讲座、经验交流等方式，邀请领导或专家对政风行风监督员进行业务培训，切实增强监督员参政议政意识和履行职责能力，使监督员真正认识到，监督员这一身份不仅意味着一种荣誉，更代表一份责任。

三是完善制度，明确了监督员的工作职责和权利。监督员的工作职责主要包括以下几点：对聘请部门（单位）或行业的政风行风建设进行监督；广泛收集公众的意见和建议，并及时向聘请部门（单位）或行业主管部门反馈；督促聘请部门（单位）或行业对监督评议中的问题进行整改；帮助聘请部门（单位）或行业宣传政风行风建设的有关规定、目标和任务；对聘请部门（单位）或行业政风行风建设工作提出积极性意见和建议；部门（单位）或行业监督员同时兼任当地纠风办的纠风信息员，应积极向当地纠风办反映社会热点和焦点问题，提供纠风工作信息。同时赋予监督员知情权、调查权、监督权、评议权。①

（三）政风行风测评

对政府部门和公共服务行业的政风行风进行网上测评是推进上海政风行风建设的一项有效机制。参加政风行风网上测评是政协开展民主监督的重要渠道，也是政协委员联系界别群众、了解情况、反映民意的一个重要途径。通过测评，反映群众的评价和要求，促进各政府行政部门和公共服务行业更好地履行职责、依法行政、公正办事、改进服务、提高效率、廉洁勤政，全面加强政风行风建设。政风行风测评对象主要包括各行政部门和公共服务行业，其中，按照职能特点大体相近的原则将行政部门分为“行政执法类部门”和“综合管理类部门”两类。

进行测评的主体范围广泛，既包括参与测评的公共部门的服务行业的服务对象，也包括政府行风测评员和监督员。通过政风行风测评，可以全面了解相关部门和行业的工作情况，推动工作的改进和提升，为市

① 《上海市卫生计生系统行风建设监督员队伍管理细则》，上海市人民政府，https://www.shanghai.gov.cn/nw12344/20200813/000112344_56394.html，2022 年 8 月 13 日。

民提供更好的服务和保障。

三、行风评议监督工作开展意义

（一）推动作风建设常态化

近些年来，推进机关作风行风建设是全国各地的市委、市政府着力打造的重要事业，随着行风监督工作体制机制的完善，政风行风整体上不断好转，群众对行政部门和各类公共服务的满意度显著提高。在行风监督工作的开展中，各项作风问题得到有力的专项整治，如形式主义、官僚主义、推诿扯皮、心浮气躁等影响服务态度和服务质量的问题，绝大部分机关单位和公共部门能够深入实际，心系群众，廉洁奉公，加强自身思想建设。但是在现代化的需求下，行风建设仍然无法满足人民群众的需求，与群众期盼存在一定差距。因此，行风评议监督工作将持续推进，通过群众监督和民意表达，推动各行政机关和公共服务部门的行风建设常态化推进，进一步转变工作作风，提升服务质量和工作效率。行风评议监督工作对于改善机关作风、满足群众需求至关重要，将长期进行。

（二）加强干部队伍正风塑形

行风监督工作使干部队伍作风得到集中整治，干部职工为人民服务的宗旨意识得到不断深化，牢固强化了依法守法、认真履职、尽职尽责等良好观念，树立了公正、公平、廉洁的形象。通过专题讲座、案例分析、以会代训等各种不同的形式，经常性开展的法律法规学习和职业教育，培训干部职工遵纪守法、时刻以身作则，不断优化干部梯队建设。

同时从严处理履责不力、不作为、慢作为等问题，开展好谈话、提醒和批评教育工作，通过思想和行为规范约束，引导干部走正确的路、干光明的事业。同时，行风建设通过设定高标准，在干部队伍内形成比学赶超、创先争优的竞争氛围，向最优者看齐、向最强者学习，加强干部队伍的集体战斗力。

（三）优化部门工作效能

强行风就是提效能，通过行风监督工作，进一步强化了机关部门的效率意识、质量意识，在推进落实、为民办事、为企服务等方面拿出更多的务实管用之举。首先，行风建设有利于提升推进落实的效能，促进对既定的目标任务反应迅速、立说立行，对滞后工作紧盯不放、加码加力、全力攻坚。其次，行风建设有助于提升为民办事的效能，推动行政部门在解决实际问题上多下功夫，以实实在在的服务提升群众获得感和满意度。除此之外，行风建设有利于提升为企服务的效能。以言出必行的态度兑现政策，以办就办好的力度搞好服务，帮助企业稳定预期、健康发展。总之，加强行风建设工作有利于机关部门和服务行业树立良好的形象，加强廉洁文化建设，筑牢廉政红线，对促进管理型政府向服务型政府转变、深化“放管服”改革、推进审批服务便民化具有重要意义。

（四）增进政府部门与群众联系

对于基层服务部门来说，好的作风才能塑造服务部门在公众心中好的形象，这也关系着基层服务能否提高履职能力和履职效率，关系着人民群众的切身利益。政风行风评议工作的实施为公众参与和监督政府工作提供了平台，为人民群众提供了能够向党委和政府部门反馈意见和建议的畅通渠道，使社会公众直接参与各部门和各单位的绩效考核过程，群众的主体地位和根本利益得到实实在在的提高，在群众的监督和反馈中，促进了公共部门的改进工作方法，提升工作效率。行风监督工作使政府部门能够更加贴近民众、了解民意，从而提高决策的科学性和民主性，推动政府与公众之间的紧密联系，促进了良性治理。

第五节　“一网通办”政务服务平台

数字化技术的迅猛发展为政务领域带来了全新的思路和方法，其中“一网通办”政务平台作为数字技术赋能全过程人民民主的探索，为实现治理效能和维护人民群众根本利益提供了重要途径。

一、“一网通办”与全过程人民民主的耦合性

“一网通办”是上海首创的政务服务品牌，2018 年 7 月 1 日，“一网通办”平台上线试运行。截至 2023 年 3 月底，实名注册个人用户超过 7968.93 万，法人用户超过 311.06 万，接入事项 3622 项，累计办件量达 3.36 亿件，2022 年年度网办率 83.97%，实名“好差评”好评率达 99.96%，企业群众的获得感和满意度不断提升。①

“一网通办”政务平台的运用为数字技术赋能全过程人民民主的探

① 蒋文婕:《上海持续深化“一网通办”改革》,《青年报》2023 年 5 月 12 日。

索提供了新的思路和方法，使全过程人民民主的制度优势转化为治理效能，赋予数字技术以政治含义，更好的服务和维护广大人民群众的根本利益。数字化政务平台可以在一定程度上有效化解全过程人民民主无法真正落实的问题，在信息传递、需求抓取和主体性协同等方面使民主得以实现，使民主政治能够顺应智能化时代的发展趋势①，建立数字化平台以激发民众的参与热情。数字化服务和全过程人民民主之间存在紧密的关联和互相依存，因此，通过“一网通办”政务平台实现全程人民民主具有深度耦合的特性。

第一，“一网通办”政务平台具有全链条、全方位、全覆盖的特征，这与全过程人民民主强调的众人商、众人议、众人决相契合。全过程人民民主从高度和深度上拓宽了民主制度的发展，实践了宪法“一切权力属于民”的要求，因此在政策过程中，全过程人民民主注重人民的全面参与。中国网民规模持续增长，互联网普及率不断提高，数字化渠道成为人们了解政务信息、表达政治诉求的常用方式。当前数字技术的发展为全链条、全方位、全覆盖民主提供了新的可能性，在数字化渠道的支持下，不仅使人民民主的各个环节紧密结合、相互关联，并且触及国家各个领域，而且民众在民主参与中可以打破时空地域的约束，扩大了民众进行民主参与的范围，随时随地发表意见和建议，可以多次、持久地参与政治讨论，体现了全过程人民民主的全链条、全方位、全覆盖。数

① 宋菁菁、王金红：《数字人大建设何以促进全过程人民民主发展：创新路径与前景展望》，《学术研究》2022 年第 2 期。

字化使得全过程人民民主具有多维、多向度的特点；不仅仅是自上而下的参与，还包括自下而上的参与；不是一次性的，而是持续、多次的；不是间接的，而是直接、跨层级的；也不是碎片化的，而是共性、总体的。①

第二，“一网通办”为实现真正的民主提供了可能的路径和方式。政府在民意发现、民意识别、民意表达、民意回应这一连续的渐进式循环过程中不断收集各种声音和意见，避免对民意的忽视和误解，以体现公众意见。数字化技术提高了政府判别和确定公众意见的能力，是实现民意有效手段和路径。数字技术的发展使得社会各个要素的连接更加紧密，各要素在相互作用下形成了系统化运转的生态整体，其重要特征就是“关联一切”。首先，“一网通办”政务平台使政府能广泛了解和获取民众意见。民众意见包括结构化和非结构化、离线和实时在线、直接相关和间接关联的各类意见，意见的多样性实现了民意的全方位和全覆盖。其次，在数字化技术的支持下，“一网通办”能存储民众的各类意见，并通过民意关联提高了数据的有效性和可靠性。数字化提升了民意存储的速度和容量，并借助区块链技术加强了所存储民意的真实性和安全性。再次，“一网通办”可以提高民意分析的效率效能。通过收集公众的诉求和建议，使民众意见转化为大数据，在数据的共通共享中提高数据分析的能力。最后，“一网通办”凭借智能化技术，通过构建算

① 赵勇:《数字赋能全过程人民民主的路径分析》,《探索与争鸣》2022 年第 4 期。

法模型和可视化方式展示数据分析情况和结果。数字化政务平台有助于发现、理解和回应民意，实现真正的民主参与，通过“一网通办”，民众意见更广泛地参与决策过程，为全过程人民民主提供了新的路径和方式。

二、“一网通办”赋能全过程人民民主的工作成效

（一）扩大民主参与，推动民主决策

“一网通办”通过赋能全过程人民民主，丰富了民主载体渠道，拓宽了民主参与路径，提高了人民群众政治参与的广泛性和民主性，保障人民当家作主，促进了科学有序的民主参与。① 通过在人大、政府、政协以及基层的应用，使人民群众的民主参与和民意表达更有成效，政社之间的互动更加灵活和便捷高效。原本需要在线下才能讨论、协商甚至决策的事，不再受时空的限制，逐渐转移到线上进行，使民众可以更加便捷高效地参与政治政策的沟通和讨论，表达政策意见。同时，“一网通办”政务平台不受时间空间的约束，只需定期更新和不断扩容，在这一过程中，民众可以跨越时间和地域在线上进行民主参与，随时随地了解重大政策的发布和实施情况，进行多维度、多视角的分析，对政策的实施与影响进行实时的反馈评价。

线上政务平台的推行体现了全过程人民民主的鲜明特征和独特优势，“一网通办”政务平台革新了政府传统管理方式，将其转变为共治

---

① 陈静文、张健：《论数字赋能全过程人民民主的作用、挑战与对策》，《湖湘论坛》2022 年第 6 期。

和共享，推动实现了政务改革的不断深化、促进政府决策的民主性和科学性，有利于发扬民主和集思广益。作为上海市政府面对公众开放的共创平台，“一网通办”不断引入多元主体的意见，形成政府搭建和执行、民众参与和监督的创新性公共服务治理体系，把提问和反馈的主导权交给民众，既能提高民主参与的积极性，又能充分发挥政府公共服务的能力和能量。

（二）促进政务公开，提高政府透明度

在政府透明度指数报告中，上海的政府透明度居省级政府第一名，这与上海市近年来利用“一网通办”政务平台加强政务公开制度建设、标准化规范化建设成效不无关系。“一网通办”平台有助于加强政务信息公开，通过一体化在线政务服务平台，可以实现民众对政策的查找和询问，实现政府信息“一网可查、一网可答、一网可办”。除了方便民众查询政策之外，“一网通办”还以数字化赋能政策解读，通过对民意大数据分析，可以精准击中民生需求和民众诉求。2020 年 1 月起至今，上海市政府及市政府办公厅印发的网上政策性文件解读率达 100%，形成了“送政策、讲政策、执行政策、完善政策”闭环，使政策解读覆盖面不断扩大，多元化解读率不断提高，政策文件的到达率和知晓率不断提升。①

---

① 徐文光：《以数字化改革助力政府职能转变，提升政府履职科学化精准化智能化水平》，人民网，http://finance.people.com.cn/n1/2022/0630/c1004-32462306.html，2022 年 6 月 30 日。

除此之外，“一网通办”平台作为连接和流通数据的枢纽，有助于不同行业和领域数据的互联互通，推动公共数据的公开和共享。通过探索各种新型技术，推动国家重要行业，如税务、金融、海关等国家直接管理部门数据的收集、分类、回流、共享，保障大数据运用下基层治理的成效。在数据共享的过程中，有力推动了公共数据向社会分类分级开放，通过“一网通办”等权威政务信息公开平台，政府提供大量的行政信息和公共服务信息，使市民能够更加了解政府的工作和决策过程。这种信息公开和透明度的提升，为市民提供了了解和参与的基础，增加了民众对政府的监督和参与。

（三）加强政民互动，了解民情民意

近年来，各级政府充分利用形式多样的互联网平台加强与群众之间的互动和交流，架起一座由网络搭建起的连心桥，市民可以主动参与政府的决策和管理。他们可以在平台上提出意见和建议，参与在线调查和投票，以及参与政府组织的公众讨论和决策活动。这种互动和参与的机制，使市民能够更加直接地表达自己的诉求和意见，促进了人民民主的实践。此外，数字政府建设有利于打破部门壁垒、促进信息互联互通，从而提高政府办事效率，这也能够有效改善政府与民众关系，进而形成政民互动的良好的政治生态。

“一网通办”数字治理新路径实施过程中围绕政务服务和治理运行产生了大量有关民意的数据。网络平台已成为民生民情反馈的主平台，对于政务单位来说，为了能够及时回应社会公众关注的热点问题，解疑

释惑，充分吸收网民意见建议，更好听民意、汇民智，亟须利用互联网技术加强对民生民情的吸纳。政府通过对民意的整理、归类和分析，可以了解民情民意，把握政策议题，实现公共服务与群众需求精准匹配，提升政府治理精准化管理水平，加强工作质量和服务效能。“上至国家大事，下至柴米油盐”，在数字政务平台的支持下，民众可以利用网络表达意见、诉说需求，并对公共服务进行反馈和评价，督促政府规范工作，充分调动群众参与基层社会治理的积极性，推动有序政治参与，为全过程人民民主提供基础。

（四）完善反馈机制，加强民主监督

“一网通办”政务平台使得市民可以及时反馈对政府工作的评价和意见，政府可以通过平台收集市民的反馈信息，并及时做出回应和改进，实现沟通在线、协调在线、组织在线。这种反馈机制的建立，使政府能够更好地听取市民的声音，提高政策决策的准确性和针对性。此外，依托“互联网＋监管”平台，“一网通办”实现部门和地方监管类业务系统的一网集成，构建全方位、多层次、立体化的数字监管体系，推动政府监管领域全覆盖、多部门联合监管常态化，行政检查、行政处罚、行政强制等监管执法事项全程网办、无缝衔接、自动留痕。上海市通过“一网通办”平台建设，形成横向到边、纵向到底的统一行政执法监管格局，实现市和区一线执法人员全覆盖。聚焦社会关注、群众关切的高频率、高需求、高综合监管事项，运用部门联合和信用监管等机制，通过数字化再造监管流程，减少重复执法和扰民扰企。

第六节　社区“三会”制度

基层治理是一个社会组织体系中的基础环节，而基层民主作为基层治理的核心要素，发挥着重要的作用。基层民主不仅是一种制度安排，更是一种价值追求，旨在实现人民对事务的参与、决策的公正与权力的监督。在基层民主的框架下，居民可以通过各种形式的参与和表达来推动治理问题的解决，增强自治意识和责任意识，形成社区共治的良性循环。“三会”制度作为基层民主的一种创新实践，为我们提供了一个具体的案例。

一、“三会”制度简介

20世纪90年代末，随着商品房经济的兴起，上海开始出现“小区”这一概念，生活在小区的人们开始面对各种问题，尤其是产生纠纷与冲突时，如何合理处置，让人心服口服，成了居委会的大问题。另外，在居委会完成工作后，如何通过公平评议来推动自治工作的良性循环也是问题。

对此，黄浦区（原卢湾区）五里桥街道党工委开始了探索总结，在全市范围内率先提出“三会”制度，即听证会、协调会和评议会，也就是如今人们所熟悉的事前听证、事中协调与事后评议。居委会通过听证会了解居民意愿，以协调会进行协商调解，在问题解决后，由居委会及社区代表们对整个工作的完成进行评价。

由黄浦区首创，以“听证会、协调会、评议会”为核心内容的“三会”制度，历经20余年的基层探索实践，现已深化发展为事前“议题征询—听证—公示结果”、事中“民主恳谈—协调—落实责任”、事后“监督合议—评议—作出承诺”的民主运行机制。去年底，黄浦区完成了“三会”实践基地在居民区层面的全覆盖，并且在全区范围内选树了首批区级“三会”制度金牌讲师，在推动“三会”制度更实用、更管用方面取得了很好的成效。

“三会”制度有效推动了社区党组织领导下的居民自治，并在全市范围内得到广泛认可与推广。2017年该制度被写入新修订的《上海市居民委员会工作条例》，成为法定制度；2018年入选民政部100个优秀社区工作法、上海改革开放标志性首创案例。

“三会”制度作为全过程人民民主实践过程中的创新，在推广过程中也演化出了新的形式，如楼宇“三会”、企业园区“三会”等，这种全新的制度之所以能够在基层治理过程中生根发芽，甚至在不同领域开枝散叶，根本原因在于其内涵的全过程人民民主的思想内核与实践方略。

二、“三会”制度与全过程人民民主的创新实践

党的二十大报告在第六章“发展全过程人民民主”中指出：“全面发展协商民主。协商民主是实践全过程人民民主的重要形式。完善协商民主体系，统筹推进政党协商、人大协商、政府协商、政协协商、人民团体协商、基层协商以及社会组织协商，健全各种制度化协商平台，推进协商民主广泛多层制度化发展。”协商民主是实践全过程人民民主的

重要形式，在密切党同人民群众联系、促进科学决策民主决策、广泛凝聚社会共识等方面发挥着重要作用。上海市以“三会”制度推进协商民主，在协商民主的范围、形式、机制和落实等方面作了探索与创新，创新了全过程人民民主的实践路径。

（一）“三会”制度扩大了民主协商的范围

“三会”制度打破了传统社区治理“闭门造车”的现状，广泛动员群众参与民主协商，既减轻了社区治理的负担，又化解了社区与居民之间、居民与居民之间的矛盾，还保障了居民参与政治生活的权利。“三会”制度源起于从总体动员到技术治理的社会治理变迁过程，一方面单位制的瓦解削弱了原有社区治理的能力，社区制的建立又还未完全接过治理大旗，另一方面当代社会的复杂性日益上升，社区的力量不足以单独应对层出不穷的问题，治理负担与治理能力之间的矛盾造成了治理效能的不足。动员群众发展居民自治是解决矛盾的重要方式。

“三会”制度通过扩大民主协商，将社区内广泛的人民群众动员起来一同讨论社区事务，这一方面保障了群众参与社区治理的权利，从而激发了人民群众为社区治理提出建议的动力，广泛的民主协商首先可以将社区治理的问题暴露并展现出来，从而才能够开始进行治理与解决。其次民众的参与将汇聚各行各业各族群的资源与能力，为社区治理注入了能量与资源，缓解社区治理资源赤字。最后民众参与将提升社区治理资源使用的效率，提高居民满意度，比起自上而下的动员机制，自下而上的议题设置会更加准确、更加切入民众所思所想所急所盼，因此广泛的民众参与可以提高社区资源投入的准确度，在重点领域解决重点矛盾，最大化提升居民满意度，提高资源的使用效率。另一方面可以消解矛盾。广泛的民主协商不仅可以暴露并消解社区内矛盾，还能够在思想上凝聚共识，减轻社区工作的阻力。社区内的矛盾纷繁复杂，如果没有得以有效的释放与解决有可能会不断累积，造成严重的后果。“三会”制度通过召集各方开展协调工作，在党组织的统一领导下组织利益各方分析问题的主要矛盾，制定责任权利分配方式，以清晰、明确、有效的方式化解社区矛盾，共同解决治理难题。

（二）“三会”制度规范了民主协商的机制

民主协商是一项总体宏观要求，如何将这项总体设计与基层治理工作中的实际结合好是对基层治理能力的重大考验。“三会”制度将民主协商和公众参与的方式通过制度化的路径确定了下来，并加以推广，写入了《上海市居民委员会工作条例》。不仅如此，“三会”制度的在不断发展中完善了全过程人民民主，紫荆居民区在不懈探索如何弥补原有“三会”制度的不足，顺利推进综合改造项目的过程中逐渐形成了“三会配三制”的实践探索，听证会配公示制、协调会配责任制、评议会配承诺制，不仅在前期将社区居民的意见纳入了项目执行，在后期通过承诺制保障了项目完工的程度。“三会配三制”的民主创新实践不仅有效推进了街道项目的建设，也深化了基层全过程人民民主的创新探索，使得“三会”这一临时形式以制度化的方式确立了下来，为基层民主协商规范了一种机制。

（三）“三会”制度深化了民主协商的作用

全过程人民民主不仅要实现事前民主，以民主监督确保通过的事项、形成的合意落地也同样重要。“三会”制度中的评议会制度经历了一个发展过程，从一开始的事后评议到配属承诺制再到评议会前增设监督合议，其中民主监督的范围逐渐从事后转向事前和适中，根据事项的重要程度决定开展监督合议的次数，在党组织的领导下引入具有专业资质的第三方监督和民主自治监督，对监督过程中发现的问题及时督促整改，有效弥补了原有评议会只能在年底发现问题待来年整改的局限性，不仅能保证项目顺利完成，还能使项目结果符合预期，使评议会成为居民点赞的表扬会。“三会”制度中评议会的建立与发展不仅是对事件落实的重要保障，也是对民主监督权利的重要保障，是对全过程人民民主中民主监督方面的重要创新。

最后，民主也是一种有效的国家治理工具，“行政和民主的机制，是现代国家治理的两种基本工具，相互补充与调和，两者不可或缺。在国家治理现代化进程中，民主机制并不必然对冲和消减国家治理能力。相反，民主机制在改造治理生态、重塑治理合法性、构建‘决策市场’以及培育参与和合作等几个方面，成为提升国家治理能力的重要工具”①。贯彻落实全过程人民民主，推进全过程人民民主实践路径创新，一方面可以通过扩大公众参与直接注入合法性，民主机制中的

① 彭勃：《民主也是一种有效的国家治理工具》，《探索与争鸣》2015 年第 6 期，第 57—61 页。

参与、议事、协商、监督功能，能够有效校正公共政策，制约治理过程；另一方面通过制度规范保障合法性，通过对秩序和制度的建设与维护，保障民主机制安全稳定的运行，维护合法性增长的稳定性；最后可以通过治理提升间接注入合法性，“三会”制度的实践有效解决了项目推进等问题，提升了公共治理的日常绩效，凝心聚力为合法性注入力量。“三会”制度通过对参与和落实的保障，让人民民主贯穿基层治理的所有流程，推进了全过程人民民主的实现，创新了人民民主的实践。

第七节　特约监察员制度

特约监察员制度作为深化国家监察体制改革的重要创新，通过优选聘请具有公信力的人士，以兼职形式履行监督、咨询等职责，为监察机构提供专业意见和建议，参与监察工作，确保监察工作的公正性和有效性。在党的统一领导下，特约监察员的参与促进了政府监管监察的全面性和广泛性，增强了监察机构的公信力和有效性。本节将通过上海市特约监察员制度这一案例进行分析和探讨，剖析特约监察员在推动政府监管监察中的重要力量，为完善监察体制、提升政府监管监察水平提供有益的思路和方法。

一、特约监察员制度的发展路径

2018 年 12 月 13 日，在十九届中央政治局第十一次集体学习时，习近平总书记强调：“深化国家监察体制改革的初心，就是要把增强对公权力和公职人员的监督全覆盖、有效性作为着力点，推进公权力运行法治化，消除权力监督的真空地带，压缩权力行使的任性空间，建立完善的监督管理机制、有效的权力制约机制、严肃的责任追究机制。”①国家监察体制的改革有效提升了国家的监察能力。在党的统一领导下，监察机构的监察范围覆盖所有公职人员。

习近平总书记指出：“党的十八大以来，我多次谈到‘谁来监督纪委’、防止‘灯下黑’，这就是监督者要接受监督的问题。这对行使监督权的机构和同志同样适用。”②绝对的权力导致绝对的腐败，特约监察员制度正是对“谁来监督监督者”的回应，是对全过程人民民主中民主监督形式的创新和发展。

特约监察员缘起于1989年5月原监察部建立的特邀监察员制度，近30年来特邀监察员取得了良好的成效，为了使该制度规范化，建立特约监察员制度。2018年8月，中央纪委国家监委发布了《国家监察委员会特约监察员工作办法》，该办法旨在建立特约监察员制度，并对其工作进行指导和规范。根据该办法，特约监察员是根据国家监委的工作需求，经过一定程序的优选聘请，以兼职形式履行监督、咨询等相关职责的具有公信力的人士。他们将为国家监委提供专业意见和建议，参与监察工作，以确保监察工作的公正性和有效性。

在中央的领导下，中共上海市纪委监委及时响应，在全国范围内率

①② 习近平：《在新的起点上深化国家监察体制改革》，《求是》2015年第5期。

先建立特约监察员制度，在中央纪委国家监委指导下，上海市出台《上海市监察委员会特约监察员工作办法》，对全市特约监察员聘任换届、工作职责、权利义务等作出明确规定。同时，细化日常工作流程，制定年度履职方案，为特约监察员有效发挥作用，履行好参谋咨询、桥梁纽带、舆论引导职责提供制度遵循。目前第一届监察员已履职结束，第二届监察员业已更新上岗，中共上海市纪委监委保持开放监督的态度，两届特约监察员深入了解纪检监察工作业务流程和开展情况，推动了纪检监察工作公平公正、规范有序开展。

二、特约监察员与全过程人民民主之间的关系

民主监督是实现人民民主的一个重要组成部分，党的二十大报告中指出：“我们要健全人民当家作主制度体系，扩大人民有序政治参与，保证人民依法实行民主选举、民主协商、民主决策、民主管理、民主监督，发挥人民群众积极性、主动性、创造性，巩固和发展生动活泼、安定团结的政治局面。”而监察制度是实现民主监督的重要方式，人民监察员通过增强民主监督，扩张民主监督的领域和权威，通过“监督监督者”保障民主监督机制的有效运行，推进全过程人民民主。

三、特约监察员制度的全过程人民民主实践内涵

（一）加强制度建设，保障民主监督权利

特约监察员在保障民主监督实现方面发挥着重要作用。首先，监督纪检监察机关及其工作人员履行职责情况，包括监督公职人员的廉洁教育和从政从业情况，调查涉嫌职务违法和职务犯罪的公职人员，并提

出改进意见和建议。其次，对纪检监察法律法规、重大政策、重要文件的制定和执行提出意见，为修订和完善法规政策及时提供反馈意见。最后，参与纪检监察机关组织的监督检查、调查研究、专项工作等事务，将非强制性的群众监督转化为强制性的制度监督。特约监察员的参与增强了纪检监察工作的民主性和科学性。

（二）扩张监督路径，拓宽民主监督渠道

上海市特约监察员制度从以下方面拓宽民主监督渠道。一是人员覆盖广，上海市的特约监察员来源广泛，既有重要岗位的市级领导，也有一线岗位的基层员工，尽可能多地覆盖社会阶层和社会人群。二是范围覆盖广，上海市特约监察员制度建立以来，取得了丰硕的成果，为全市各个地区、部门、单位树立了制度典范，带动全市特约监察制度全面开花。青浦区、虹口区、杨浦区等区级单位率先垂范，聘请特约监察员开展监督工作；上海外国语大学、上海大学、上海健康医学院等高等学校也开始聘任特约检察员；在全市范围内特约监察员制度形成了经验和模板，有效拓展了民主监督的渠道，强化了民主监督的能力，使得民主监督扩展到了社会生活的方方面面，有利保障了全过程人民民主的实现。

人民民主是社会主义的生命，是全面建设社会主义现代化国家的应有之义。我们党的根基在人民、血脉在人民、力量在人民。党在团结带领中国人民不懈奋斗的长期实践中，形成的“一切为了群众，一切依靠群众，从群众中来，到群众中去”的群众路线，是马克思主义基本原理和中国具体实际紧密结合的产物，是党的事业不断从胜利走向胜利的重

要法宝。特约监察员制度的确立与特约监察员岗位的设立密切了党和群众之间的联系，汇聚了群众的智慧与力量，为上海市民主监督工作的完善作出了突出贡献，为上海市全过程人民民主的实践探索了一条行之有效的策略。

第八节　上海 12345 热线

在超大城市中，人口和资源高度聚集，容易导致交通拥堵、环境污染、住房困难、社会治安、发展失衡等一系列“大城市病”的出现。与此同时，人民群众对美好生活的需求不断增长，特别是在超大城市中，个体意识和公共参与需求更为突出，人们更加关注自己在城市中的生活质量和权益，同时也更加关注城市的发展和治理。因此，如何让公众广泛有效地参与进来，积极表达民意、汇聚民智、集中民力，促进政府更好地为人民服务、让人民满意，成为解决当下超大城市治理难题的关键所在。

一、上海 12345 热线简要介绍

为了提升公共服务水平，上海市政府和各区政府相继设立了超过 230 条政务服务热线。尽管这些热线在为市民提供服务和发挥作用方面取得了显著成效，但也面临一些挑战。首先，热线数量众多，不便于市民记忆和反映问题。其次，热线归属于不同的部门，导致跨部门问题难以协调解决。此外，缺乏统一的管理机制和服务标准，导致热线服务质量参差不齐。

为了解决以上问题，上海市于 2003 年 11 月 1 日正式启动 12345 热线电话。12345 热线是上海市政府为了提高政府服务效率、方便市民群众办事而设立的。在刚开始成立时，上海市 12345 热线电话主要提供政府服务咨询、投诉举报、应急救援等功能。市民可以通过拨打热线电话，向相关部门咨询政策、办理证件、查询信息等。随着时间的推移和业务条线的整合，上海市 12345 热线电话的服务范围逐渐扩大，不仅提供政府服务，还包括公共事务、社会事务、民生服务等方面的咨询和投诉举报。伴随着信息技术的发展，上海市 12345 热线电话逐渐实现了多渠道接入，包括电话、短信、网站、微信等方式，方便市民通过不同的方式进行咨询和投诉。为了提高服务质量，上海市 12345 热线电话逐步引入了智能语音识别、自动导航、人工客服等技术，提高了服务效率和用户体验。除了提供政府服务和民生服务外，上海市 12345 热线电话还逐渐拓展了其他服务领域，如旅游咨询、交通指导、环保投诉等，为市民提供更全面的服务。

目前，“12345”座席已超过 300 个、话务员近 800 名，7*24 小时全天候提供服务。上海市 12345 热线电话已经成为市民办事、咨询和投诉的重要渠道之一，“12345”从一条单纯的电话热线扩展成网站、App、小程序等线上线下全渠道覆盖的受理热线，成为政府感知公众需求和市民感知城市运行的“神经元”。20 年来上海以 12345 热线为渠道，创新上海市民主决策、民主监督的实践路径，为全过程人民民主的实现探索了有效的道路。

二、上海 12345 热线体现全过程人民民主的制度蕴含

（一）打破纵向信息壁垒，民意直达条块部门

为了更好地回应市民的诉求，上海 12345 热线逐步整合了近百条政务专线，并进一步整合了政务网站、博客、微博、微信、App 等多元化市民诉求表达渠道，建立了专门的政务热线沟通职能机构。这个机构作为各政府部门的共同"前端"，接受市民的诉求，并将其转接给相应的政府职能部门。这种新模式不仅缩短了政府回应市民诉求的时间，而且使政府内部科层部门间的关系从以专业分工为基础的"串联式业务流程"变成了以市民诉求为中心的"并联式业务流程"。12345 城运中心对纵向信息壁垒的破除一方面使得民意能够高速高效地抵达政府，帮助政府获得来自一线基层的实际信息，使得政府在决策过程中能够吸收民众的意见和建议，推进民主决策工作的实践。另一方面，12345 城运中心上下信息的流动使得来自基层的意见反馈能够送达监督部门，提升整个监督监察的实际效能，推动外部监督权利落地。除此以外，上级通过任务指派和办结监管等方式强化了对地方的监督考核。12345 城运中心还将收集到的大量问题、信息、数据进行整合处理，利用大数据和云计算等先进数字治理技术，提升事件分拨解决效率，为政策制定和执行提供预测指引。在激励与问责双重机制的作用下，保障了民主决策和民主监督成果的落地，推进了全过程人民民主的实践创新。

（二）打破横向信息壁垒，职能整合明确有序

目前，基层治理存在一个问题，就是科层组织的横向结构将其切割

成碎片化的部分。科层组织是一个高度专业化的体系，通过细分的职能分工来推动治理的技术化。然而，这种组织方式也在不同部门之间建立了明确的权责边界，形成了组织壁垒，最终导致了治理结构和功能的碎片化。随着社会流动性的增加，基层治理面临着越来越复杂和多样化的公共事务。然而，现有的碎片治理结构无法有效地应对这种复杂性，从而削弱了基层治理的有效性。上海 12345 城运中心通过对各个政务专线的整合，在不增加新的行政层级的条件下构建了“一对多”的整体性政府结构和“多对一”的任务结构，通过联动多种类型的组织，基层治理实现了对条线资源、政府部门资源、市场资源和自治资源在具体任务中的横向整合，从而形成了协同合作的治理力量。

总之，上海 12345 城运中心对层级间纵向壁垒的打破提升了信息上传下达的速度，促进民意汇聚和事件解决，有助于政府将群众意见和建议纳入决策过程中，实现民主决策；对部门横向壁垒的打破聚集了治理资源，为民主决策的成果打下了执行基础，确保民主的成果真实有效，民主的果实属于广大人民。

第九节 “社区通”工作机制创新

如今，数字化技术在社区治理中发挥着越来越重要的作用。以上海市宝山区的“社区通”智能服务平台为例，通过移动互联网和大数据分析等现代信息技术，该系统实现了党建引领、居民参与、精准服务的智能化治理。这一创新实践充分展示了数字化技术在社区治理中动员群众共同参与的必要性。

一、宝山“社区通”案例简介

“社区通”是上海市宝山区运用现代信息技术，如移动互联网和大数据分析，探索建立的智能化治理系统。该系统以党建为引领，以移动互联网为载体，以城乡居民为主体，以提供精准服务为特点。

上海市宝山区的“社区通”智能服务平台是在党建引领和居委会主导下，为了解决城市社区居民异质性较强、社区治理难以协调的问题而创新设计的全新民主实践方案。宝山“社区通”自2017年上线以来，已覆盖全区575个居村，吸引90.4万名居村民、54.98万户家庭加入，吸引9.25万名党员线上“亮身份”，发表3.46万个民主协商议题，处置27.09万个居村民问题。广大居村充分利用“社区通”开展议事协商、回应居民诉求，构建直通万家的为民服务“连心桥”。该创新实践形成了一个广泛覆盖、参与活跃的网络共同体。该平台的成功应用被评为中国社会治理创新实践十佳案例、全国城市基层党建创新最佳案例、全国乡村治理典型案例等。

“社区通”是一项应对大数据时代社区治理需求的创新解决方案。通过扫描社区专用二维码进行实名认证，居民可以方便地获取党建园地、办事指南、左邻右舍、物业之窗等功能板块，从而获取社区治理信息、发布志愿活动信息和咨询生活问题。同时，居民还可以通过“社区通”表达对社区治理的意见和建议，监督社区财务公开、垃圾分类等工作的实施情况，激发基层民主自治的活力。

此外，“社区通”建立了“领导小组—居村小组—居民”的三级联动工作体系，并与网格化系统、市公安局110接警系统智能对接，形成了“即时反应、线上线下联动、数据分析”的工作机制，提高了社区治理的效率和准确性。这种将技术和制度紧密结合的基层城市社区数字治理模式为创新社区治理提供了有力支持。

二、“社区通”创新中的全过程人民民主意涵

（一）民意直通车，社区治理盲区民众齐汇报

宝山“社区通”通过民意大厅等方式，拓展畅通了民情民意反馈渠道，“社区通”搭建了村（居）民和村（居）委员会平等沟通的平台，社区居民的诉求可以直达居委，减少中间环节的信息折损，提升信息民意传达的时效性。宝山“社区通”通过建立“社区通治慧中心”和利用大数据分析，实现了对社区舆情的监测和预警，以及对民生问题的精准治理。通过分析村（居）民的发帖、点赞、评论等数据，政府可以了解不同人群、街镇、阶段的需求情况，为制定政策和决策提供参考。发布十大需求列表可以更好地了解居民的需求优先级，有针对性地解决问题。建立大数据模型可以实时发现群众的痛点和民生的堵点，为政府决策提供科学依据，这种做法为提高社区治理效能、满足居民需求提供了有力支持。

（二）社区议事厅，社区治理问题民众齐讨论

通过“议事厅”版块，建立了议事协商操作链，针对村民提出的议题如“增加临时停车位”“垃圾分类便捷化”“村民福利费发放”等进行

互动讨论，以精准了解村民需求。例如，对于罗店村（居）民提出的出行难问题，区镇两级政府联动，优化了镇域内的七条公交线路。目前，宝山全区各村已提出800余个议题，形成了自治公约和项目200余个。党的二十大报告中强调："坚持科学决策、民主决策、依法决策，全面落实重大决策程序制度。"民主决策是人民民主的重要环节。良好的决策反映了人民意愿，保障了人民权益，增进了人民福祉。基层群众通过村（居）民会议、村（居）民代表会议、村（居）民小组会议等形式，就经济社会发展、基础设施建设、社会综合治理、基层文化服务、生态环境保护、自治章程制定等重大问题提出意见建议，参与决策制定和实施。这是居民直接参与民主决策的主要方式。宝山"社区通"制度充分动员发动村（居）民的能动性，将大家的事务置于大家的视线下，由村（居）民直接讨论决定出结果，实现民主决策。宝山的民主决策创新实践不仅推动了社区事务的处理和社区内部的建设，还培育了社区居民参政议政的意识和能力，为全过程人民民主的实践提供了内在动力。

（三）民主探照灯，社区治理成果民众来监督

在宝山的"社区通"App上，"村务公开"版块被放在显眼位置，使得村民们可以通过手机轻松地参与村务事务，包括网上议事、问题跟踪和网上晒账本等。这些原本繁琐的政务活动现在变得简单、快捷、易于理解。罗店镇美兰湖郡园小区的业主来自全国各地，多为受教育程度高的年轻人，对居民区自治共治要求较高。但业委会组建工作却几经"流产"，原来是业主认为组建工作不透明，意见分歧严重。2017年，

这里成为“社区通”首批试点小区，借此契机，业委会组建工作再次启动，组建意义、相关政策、工作流程、候选人情况等信息全程通过“社区通”发布，获得了业主们的信任和支持，业委会终于顺利组建。在新时代，党的政治建设是引领社会主义现代化国家建设的核心任务，而民主监督则是完善人民当家作主制度体系、扩大人民政治参与的重要手段。民主监督能够制衡权力、促进政府透明和问责、保障公民权益和民生福祉，以及促进社会稳定和发展。它是现代民主社会的基本要求，也是实现社会公平正义和人民幸福的重要保障。《中国的民主》白皮书指出：“在中国，解决权力滥用、以权谋私的问题，不能靠所谓的政党轮替和三权分立，要靠科学有效的民主监督。”宝山“社区通”利用现代化信息化手段，通过“村务公开”“问题追踪”等板块，在事前做到信息公示、事中做到全程跟踪、事后做到流程追溯，民主监督覆盖全链条全过程。

（四）民主互助会，社区治理工作民众来参与

“社区通”开通了一些特色服务功能，“社区通”还成为了村里有共同爱好之人的交流社区，在聚源桥村，爱好沪剧的老人通过“社区通”呼朋引伴，不论是组织排练，请老师来教学，还是演出抢票、参加比赛，“社区通”推进了乡村文化生活的发展和文化事业的建设。另外，“社区通”还为社区居民之间构建了联络沟通的桥梁与平台，居民根据自己特有的技能优势和时间安排，开展了一系列自我管理的活动，如错峰下班的居民接送孩子，有艺术特长的居民开展艺术普及培训班等。村（居）

民通过在基层公共事务和公益事业中进行自我管理、自我服务、自我教育和自我监督，不仅增强了他们对社区的归属感和认同感，还促进了社区的发展和进，补充了基层治理资源，更重要的是培养锻炼了居民参与政治生活的能力与素养，为全过程人民民主的实现打下思想与实践基础。

第十节 人民建议征集制度

人民建议征集是贯彻全过程人民民主的重要途径。上海市以党的二十大精神为指引，通过人民建议征集制度的贯彻实施，凝聚人民力量，发扬群众智慧，在城市治理中有效实现听民意、汇民智、聚民力，推动社会主义新时代下人民城市的大力发展，深刻诠释了全过程人民民主的内在真谛。上海牢记总书记殷殷嘱托，把人民建议征集作为保障人民当家作主的重要制度设计，在不断探索中逐步形成人民建议征集上海样本。

一、人民建议征集制度简介

人民建议征集，即政府部门主动面向广大群众征求和收集有关经济发展、城市规划、社会建设等方面的建议，或者就有待决策和解决的专项问题征集人民意见。作为最早开展人民建议征集工作的城市之一，早在 2011 年，上海市信访办就已经设立了人民建议征集处。2021 年 7 月，为了更好地征集民意，上海市人民建议征集办公室正式揭牌，这也意味着人民建议征集工作实现新突破。[①] 截至 2022 年，全市 16 个区均成

① 康坤鹏：《我国人民建议征集制度的演变》，《云南社会主义学院学报》2014 年第 4 期。

立了人民建议征集办公室，人民建议占信访总量的比例已从 2012 年的 6.5% 上升至 2020 年的 30%，采纳率也从 58% 一路攀升至 98%。[①]

上海市杨浦区作为人民城市重要理念首提地，一直把杨浦滨江作为人民建议征集的重点区域进行打造。2020 年杨浦区人民建议征集办正式成立，2023 年 4 月，上海市启动人民建议征集杨浦滨江示范带建设，以杨浦人民城市规划展示馆为中心，临江而建的十个特色人民建议征集站点“串珠成链”，把杨浦的征集网络“汇点成面”，形成了以区人民建议征集办为中心，联动 N 个滨江党群服务驿站的格局。从先行先试到示范引领，杨浦滨江示范带逐步成长起来。在人民建议征集制度的推动下，培育了一批批建言献策的好市民，孵化了一项项惠民便民的新举措，更打造了一个个城市治理的新典范。

在规划发展方面，杨浦区将人民建议作为贯彻全过程人民民主的重要渠道，在城市的发展规划过程中坚持以人民为本、注重群众需求，不断吸纳金点子创意，补齐城市更新中的短板，点明城市战略方向、助力老建筑转型、增添便民生活设施，为人民城市带来大众智慧。在文化旅游方面，杨浦区通过人民建议串联红色元素，激发青少年参与，社会面宣传机制焕发生机；发现基础设施短板，推动人民城市示范区的形成；挖掘文化价值，复原历史风貌，打造旅游品牌……当文化旅游遇到人民建议，带来不一样的旅游体验，打造充满沉浸式、体验式、亲历式的乐

① 刘士安、巨云鹏：《人民群众好声音，城市治理新引擎》，《人民日报》2021 年 5 月 19 日。

趣。在公共服务方面，杨浦区聚焦医疗服务、法律援助等热点领域，并结合区域实际情况，开展进滨江、进园区的特色征集活动，谋求公共服务高质量发展。在群众联系密切、关注度较高的生活细节中，通过人民建议征集工作的助力，人民群众获得感、幸福感、安全感得到进一步增强。在数字政务方面，市民群众在“一网通办”PC 端、“随申办”App 和手机小程序，通过政务服务“好差评”板块对政务服务作出一星或二星评价时，不仅可以反映具体问题，还可以就如何解决问题、优化政务服务、完善政策措施建言献策。对征集到的群众“金点子”，市政府办公厅、市征集办将积极推动落实，切实提升企业和群众办事的便利度和感受度。

杨浦的人民建议征集工作跑出了加速度，交出了新答卷，十个人民建议征集特色站点在滨江沿岸熠熠生辉，十佳人民建议转化成果也不断绽放绚烂光芒，通过人民群众的有序政治参与，充分诠释了社会主义现代化建设中“全过程人民民主”的真谛。在人民建议征集制度各项体制机制完善的过程中，上海市杨浦区不断丰富人民群众提出意见建议的征集形式，不断拓宽建言献策渠道，广泛凝聚群众的智慧力量，一大批便民、利民、惠民的公共政策逐步开展，推动现代城市更新发展，让人民生活更加美好。

二、人民建议征集的重要治理价值

（一）坚持“人民城市人民建”

习近平总书记 2019 年在上海考察时提出“人民城市人民建，人民城市为人民”重要理念，明确指明了新时代城市工作必须依靠人民，深刻揭示了新时代城市建设发展的力量之源是广大人民群众。开展人民建议征集工作就是该理念的生动体现，充分展现了人民群众在城市治理过程中的主体地位。人民建议征集制度为普通公民提供了一个直接参与政府决策的途径，人民可以提出各种关于公共事务、政策制定和社会问题的建议，从而实现民意的广泛表达和参与。

人民群众生活在城市中，对政策是否合理、是否有空白点，措施是否可以进一步完善等，最有发言权。人民建议征集工作的深入推进，是广大群众在当前的民主制度框架下实现人民当家作主的有效途径，通过这一制度，人民群众知情权、参与权、表达权、监督权真正得到保障和落实，体现了民主参与的有效和有序，更好满足人民群众的需求。

（二）提高公共政策质量

人民建议反映的是较为宏观、普遍的问题，能够体现更具广泛性和代表性的民意，具有较强的建设性。人民建议征集工作的开展有助于帮助政府获取来自各个社会层面的建议和意见，让人民群众的智慧进入决策层。政策制定者主动征集人民群众最关心的城市治理问题，对相关问题给予充分重视，深入探讨和研究群众意见的可行性，并根据轻重缓急逐一解决。通过人民建议征集，可以更全面地了解社会需求，梳理归纳事关公共利益的突出性、倾向性问题，从而制定更符合实际情况和人民期望的政策措施，提高政策的针对性。

同时，人民建议征集制度能够引入更多的专业知识和实际经验，政府可以从专家、学者、业界人士等各方获得有关建议，有助于制定更科学、合理的政策。人民建议征集是政府部门联系人民群众、吸收民意、集中民智的重要窗口，是通过政策的调整和完善实现批量化解社会矛盾和群众诉求的重要方式，有利于切实推动政策完善和工作改进，使政策规定更符合群众期待、更贴近群众生活、更契合群众需求。

（三）加强社会凝聚力

相比其他民主参与形式，人民建议征集无论对于建议者还是建议征集者来说，都是一种低成本、高效率的民主参与渠道，人民建议征集的社会基础极为广泛，并且意见表达的方式也更为直接和便捷。人民建议征集制度有助于在重大社会议题上形成广泛的共识，通过充分听取各方声音，政府可以更好地平衡不同利益和观点，促进社会和谐稳定，避免政策决策的过于偏颇，具有显著的凝聚人心作用。

通过广泛征集意见，可以充分调动人民群众为城市建设发展建言献策的积极性，增强各个社会群体的参与感和认同感，减少因政策决策而产生的分歧和对立，营造全社会参与人民建议征集的良好氛围，加强社会的凝聚力。

第十一节　人大代表“家站点”建设

在中国特色社会主义政治发展道路上，人民代表大会制度和人大代表扮演着关键角色。通过建立联系点和平台，人大代表能更加直接地听取民情、反映民意、汇集民智，为政府决策提供更加准确的参考。这种密切联系有助于增进政府对民众和社会的了解与理解，促进治理效能的提升。同时更好地增强代表的责任感和使命感，发挥人大代表和人民代表大会制度的特有优势，推动政府更加贴近民意、服务民生，从而进一步提高国家治理的民主性、科学性和有效性，推动全过程人民民主道路的进一步完善。

一、上海市“家站点”案例简介

在2019年11月，习近平总书记在上海虹桥街道的考察中，强调了中国特色社会主义政治发展道路和全过程人民民主的重要性。习近平总书记指出，人民代表大会制度和人大代表在这个过程中扮演了关键角色。在中央人大工作会议上，他进一步强调了人大代表的作用，包括回应公众的需求，以及更好地理解和满足社会关注的问题。近年来，上海市人大常委会致力于实践习近平总书记关于全过程人民民主的理论，出台了相关的意见和规定，以提高认识，深化探索和制度保障。这些规定要求全市各级人大常委会在实践全过程人民民主中发挥引领作用，特别是在推动代表之家、代表联络站、代表联系点（简称“家站点”）的建设上。

目前，上海市已经建立了近6000个各类代表联系人民群众的平台，基本上实现了全市每平方公里都有一个联系点。全市、区、乡镇三级的1.3万多名人大代表都已经参与这些“家站点”，这些站点已经成为代表与群众之间的桥梁。未来，上海市人大常委会计划以深入的调研为基础，围绕“家站点”平台的建设、活动开展、效果发挥和运行保障情况，建立一套科学且有效的绩效评价体系。这个体系旨在通过对成效的检验和对工作的评估，推动全市“家站点”平台的整体提升，使人大代表更好地听取民情、反映民意、汇集民智，进一步深化全过程民主的实践。

二、上海市“家站点”建设推进全过程人民民主实践分析

（一）洞悉社情民意，是国家治理体系运转的重要环节

“一部国家机器，如果不了解自己国土上的人口财产、物产、行为和事务的数量多少、流动方向、真假和优劣，就无从区分利整得失，进而无法恰当行动，无法实现征税、征兵、维护社会秩序、缔造国家凝聚力、建立福利体系、维持官僚机构廉洁高效和管理社会经济事务等国家目标。”① 随着经济生产的不断发展和科层制结构的不断完善，国家与民众之间的空间距离越来越远，社情民意在一级级的传递中持续损失信息，从科层体制的透镜中观察社会最终看到的可能是体制的倒影，而不是社会真实的面貌。上海市结合当地居民生产生活的方式与习惯，通过对“家站点”的建设，将人大代表下沉到楼宇、街道、村社区，让居民在生产生活的场景能够见到、找到人大代表，将自己的诉求和建议通过人大代表反馈到国家，从而影响政策过程。

（二）发挥人大代表的特有优势，促进代表履职

人民代表大会制度是中国人民民主专政的政权组织形式，也是中国

① 韩志明：《国家治理的信息叙事：清晰性、清晰化与清晰度》，《学术月刊》2019年第9期。

的根本政治制度。习近平总书记在中央人大工作会议上强调了人民代表大会制度的重要性，指出这一制度符合中国的国情和实际，体现了社会主义国家的性质，保证了人民当家作主，也是实现中华民族伟大复兴的良好制度。上海市通过建设“家站点”有利于发挥人民代表大会制度独特的优势，推动人大代表履行职责，确保全过程人民民主的实现。

人大代表的四大职权包括“提案权、表决权、审议权和质询权”，有效实施人大代表的四大职权，具有重要的民主监督作用。它能够确保人大代表作为人民的代表行使权力，监督政府和行政机关的工作，推动政策的改进和实施，维护人民的权益和利益。同时，这也促进了政府的民主决策和依法治国，加强了国家治理的合法性和可信度。上海市通过“家站点”的建设广泛触达民众，一方面增加了人大代表获取社情民意的来源，与民众广泛的接触能够使得民众的诉求、建议、问题能够汇集到人大代表处，便于人大代表从纷繁复杂的信息中抽取出问题核心，使得职权行使更有效；另一方面广泛而真实信息的获取也将使得人大代表在面对政府机构行使职权的时候更有力，对社情民意的获取不仅能够增强人大代表提案的有效性，还能增强人大代表行使质询权的力度。

（三）推进公众参与，树立公众的政治参与意识

强大的市民社会可以促进民主参与和治理，解决社会问题和保障公共利益，监督政府和制衡权力，促进社会和谐与稳定，以及保障个体权利和尊严。全过程人民民主的实践主体是广大人民，最终目的是广大人民，实践过程更是离不开广大人民。上海市“家站点”的建设通过推进

公众参与，梳理公众的政治参与意识，夯实全过程人民民主的基石。

公众参与在社会治理的进程中起到了关键的催化作用，尤其在推动治理的民主化和科学化方面。在民主化层面，公众参与为政府和相关机构带来了更大的透明度和责任感，因为决策过程受到了更广泛的审查。这样的参与确保了更多的人群被代表，从而反映了社会的多样性，同时也为弱势和少数群体提供了发声的平台。此外，它强化了社会的凝聚力，人民感受到他们在决策中占有一席之地。在科学化的层面，公众的参与鼓励了更加数据驱动的决策，使决策过程更加依赖于真实的证据和事实。这样的多元视角促进了更广泛和深入的问题解决，鼓励了创新，并帮助更全面地识别和评估风险。总的来说，公众参与不仅提高了政策的质量，还加强了政策的可持续性和执行效果，因为更多的人感到他们与决策过程息息相关。

通过公众积极参与政治，国家不仅能够获得多样化的观点和创新性的政策解决方案，也能提高政府决策的合法性和社会接受度。这样的参与形式有助于民主教育，培养具有高度政治意识和社会责任感的公民，进一步加强社会凝聚力和稳定性。同时，公众的持续参与和监督也能提高政府的透明度和问责性，使其更灵活地调整政策以满足民众的实际需要。总体来说，公众参与能有效提升国家治理的综合效能，使其更加响应性、适应性强，并具有更高的社会稳定性。总之，“家站点”的建设使得人大代表能够更多接触人民群众真实的想法与诉求，为其职权的行使提供了基础，更为全过程人民民主的实现提供了支持与保障。

三、总结与展望

在上海，1.5 万名全国、市、区、镇四级人大代表均已编入各个“家站点”，打通代表联系群众的“最后一公里”，迄今已建成人大代表联系群众各类平台 5500 多个，基本实现全市范围内每平方公里就有一个联系点。上海市通过“家站点”的建设，增强了人民群众和人大代表之间的联系，提升了人大代表履行职权的能力，培育了人民群众的参政议政的素养与能力。“家站点”的建设夯实了全过程人民民主的根基，为全过程人民民主的实现提供了来自人民的力量。

第四章

全过程人民民主实践的结构性分析

作为全过程人民民主的首提地，上海始终牢记习近平总书记的殷殷嘱托，在推进人民城市建设和加快建设具有世界影响力的社会主义现代化国际大都市过程中，积极探索，坚持创新，努力将全过程人民民主的制度要求和治理理念贯穿于城市治理的全过程、全领域和全链条，推动城市经济发展成果全民共享，努力打造全过程人民民主最佳实践地。

第一节　民主选举层面的创新

民主既是人类社会共有的政治价值，也是中国特色社会主义的内在价值追求和本质属性。作为一种政治统治形式，主权在民，民众共治，是其本质特征。从这个意义上讲，民主既是一种政治价值，也是一种政治方法。美国著名的政治学家熊彼特认为，民主方法就是那种为作出政治决定而实行的制度安排，在这种安排中，某些人通过争取人民选票而取得作决定的权力，因而选举是现代民主政治运作的主要政治机制。①因此，现代民主政治在形式上表现为选举政治而非委任政治。所以，在

① ［美］熊彼特：《资本主义、社会主义与民主》，吴良健译，商务印书馆 1998 年版，第 395—396 页。

现代民族国家，尽管存在政治制度的差别，但是都将选举民主作为其体现民主国家属性的重要环节和主要内容。

一、比较视野下中国式民主选举的制度优势

与西方国家普遍选择通过竞争性选举不同，中国式民主选举的价值仅在于授权而同政策选择无直接关联，政策选择是建立在广泛有序的政治协商和参与基础上，这就是人民民主能够形成“全过程”状态的制度机制。①这种制度设计有力地避免了公共政策制定和立法过程中因议题竞争产生的政治分裂现象，从而避免“西式民主的暴政”及其暴力冲突。

从我国当前的民主选举实践来看，中国式选举民主主要体现在以下三个方面：第一，以实质民主替代“形式民主”，即人民不仅有行使选举权，根据自己真实意愿选择人民代表的投票权利，而且这种选举与被选举的政治权利是平等的。它不因个人的地域差异，职业差别和阶层地位，而存在“同票不同权”的差异性赋权问题。第二，这种民主选举具有内容的广泛性和跨层级覆盖性，既包括中央和地方政府领导人的选举，也涉及工作单位和社区基层自治组织的领导人选票决；既包括选举党代表的党内民主，也包括选举人民团体、政治协商机构的党外民主选举。第三，以宪法和法律的形式对民主选举的基本内容和程序进行了详细规定，从权利主体、权利内容、行使方式和实现过程四个方面对公民

① 程竹汝：《论全过程人民民主的制度之基》，《中共中央党校（国家行政学院）学报》2021 年第 6 期。

参与民主选举的政治权利予以全方位和全过程保障。更为重要的是，这种法律保障并非一成不变，而是根据社会发展不断进行动态调整、修订和完善，逐步拓展直接选举的范围，增强政治选举的竞争性，丰富民主选举程序的呈现方式，优化代表结构和基层代表比例等。可见，与西方国家民主选举过程中的精英政治和“金钱民主”不同，中国民主选举具有权利内容的真实性和选举过程的实质平等性，是真实有效的民主政治运作方式。

二、中国式民主选举实践：以上海市为例

随着经济发展和社会变迁，公民的政治参与意识日益增强，为了创造更好的制度、机制和组织条件，切实保障公民的民主选举权利，上海不断探索民主选举的新形式、新机制，不断完善选举制度和程序规范，始终走在全过程人民民主创新实践的前列，向世界呈现鲜活、生动的中国式民主选举方案。这主要体现在国家机构选举和基层选举两个方面。

国家机构选举是指，选举产生全国人民代表大会和地方各级人民代表大会，由各级人大选举产生同级国家机关领导人员。① 在区乡两级人大代表的选举过程中，上海通过选举方案修订，扩大基层一线代表比例，认真落实选民登记，并运用数字技术和工作机制创新，切实保障公民的民主选举权利，提升人大代表选举的规范性、公平性和公开性。首先，为适应城市发展带来的选民的空间分布变化，上海市人大根据区乡

① 国务院新闻办公室：《中国的民主（白皮书）》2021 年版，第 19 页。

人口数量情况，结合中央关于“适当增加基层人大代表数量”的要求，重新修订了《上海市区县和乡镇人民代表大会代表直接选举实施细则》。据此，上海市选举办专门制定了《关于贯彻落实“适当增加基层人大代表数量”要求的指导意见》，各区结合实际，科学确定了新一届代表结构比例。根据新修订的选举法关于增加县乡人大代表数量的规定，上海市人大常委会重新确定了新一届区人大代表名额，有乡镇的区依法重新确定了新一届乡镇人大代表名额。区人大代表名额为 5103 名，比上届增加 503 名，乡镇人大代表名额为 9079 名，比上届增加了 978 名。其次，上海依托“一网通办”“一网统管”，升级开发“换届选举云平台”，手机扫码、“随申办”等多种新型登记方式，将采集到的选民信息第一时间进行比对核验，查找“错重漏”情况并及时反馈，实现选民参选“一扫即登”，进一步提高参选便捷性。最后，上海积极探索长三角选民资格互通互认的机制创新，以保障在沪工作的外来群体的基本选举权利。2021 年，上海市青浦区在区镇两级人大换届选举工作中，青浦区与吴江区和嘉善县人大机构开展协同合作，针对长三角地区人员流动集中和频繁的区域性特征，为提升选民参与民主选举的政治热情，保障其基本政治权利，三地人大常委会经过会商讨论，联合制定《长三角生态绿色一体化发展示范区流动人口选民资格认定便利化操作办法》，依托三地人大协作机制，由三地人大选举工作机构排摸并交换有意愿在异地登记和选举的选民信息，户籍地选举工作机构对这部分选民进行选民资格审查，非户籍地选举工作机构将异地登记的选民与户籍地选民一并列入选民信息并进行公告。

基层选举是广泛存在于民众生活空间和工作单位的民主选举形式，是民众感受最真实、参与最直接、形式最丰富的民主实践。具体而言，它包括基层自治组织和单位民主管理组织两个方面的选举，即村（居）民委员会选举和企事业单位职工代表大会选举。[①] 从上海 2021 年全市村居委换届选举的基本数据来看，全市 12130 个基层自治组织全部完成换届选举，选举产生基层自治组织构成人员 48872 名；选民登记参选率 93.4%，直选率、得票率等指标均在 90% 以上，其中村委会直选更是实现了百分之百全覆盖。可见，人民群众参与基层民主选举的积极性不断提高。在职工代表大会选举方面，2022 年，上海市在全国范围内率先完成地方性工会法规的修改工作，新修改的《上海市工会条例》施行正式颁布施行，为保障基层职工的民主选举权利，提供了有力的制度保障。截至目前，上海市全市基层工会所在单位建立职代会制度 3.7 万家，涵盖单位 9.634 万家，涵盖职工 551.22 万人。全市实行厂务公开的基层工会 3.87 万家，涵盖单位 10.45 万家，涵盖职工 596.48 万人。全市基层工会所在单位建立董事会涵盖单位 4527 个，董事 16137 人，建立职工董事制度的工会企业 1462 个，职工董事 1614 人。与此同时，市人大将职代会条例贯彻实施情况纳入 2022 年执法检查计划。市总工会专门成立了工作领导小组，在全市范围内开展专项监督检查。

① 国务院新闻办公室：《中国的民主（白皮书）》2021 年版，第 19 页。

第二节　民主协商层面的创新

民主协商是人民群众表达个人意志，参与政治生活，协调利益和分歧，调和矛盾和冲突，形成共同目标的关键环节。与选举民主的阶段性和间歇性不同，协商民主是贯穿政治生活始终的民主参与形式，是对选举民主的有力补充。

一、中国式协商民主的政治功能

就中国式协商民主而言，它主要体现在高阶政治领域的政治协商，基层社会领域的基层民主协商，行政过程中“民主—集中”式的民主决策，经济发展领域的协商合作和治理领域的协同共治五个维度。① 民主协商以“凝聚共识”为主要宗旨，通过建构协商论坛，创设公共议题，开展平等对话，协商讨论和沟通交流，促进信息交换，建立共同信任和理解，以实现“搁置争议，寻求共识”的政治目标。

民主协商作为一种面向治理的民主机制创新，是实现民主的政治功能转换为治理效能的关键环节，是人民民主的政治价值逐步具体化和操作化的实践过程。首先，协商民主的本质是“尊重差异，搁置争议，寻求共同利益”。这意味着民主协商的前提是必须承认并尊重不同主体之间的认知能力和利益关切是存在差异的，在这个基础上，主体之间通过公开透明的平等对话，表达自身的核心利益、商谈原则和妥协让步的可

① 韩福国、张开平：《社会治理的“协商”领域与“民主”机制——当下中国基层协商民主的制度特征、实践结构和理论批判》，《浙江社会科学》2015 年第 10 期。

能性及其边界。在这个过程中，主体之间经过充分有效的对话、沟通、协商和谈判，逐步形成共识和共同规范，进而实现公共利益和公共决策合法性的生成。其次，民主协商实质上是一种政治沟通方式，就其沟通渠道而言，既有涉及国家领导人选、国家战略规划和国家法律修订等高阶政治领域的政党协商、人大协商、政协协商和人民团体协商，也有关注社区生活和基层公共服务的社区协商、社会组织协商和基层协商。尽管这些政治沟通渠道存在差异，参与主体也不尽相同，但是就民主协商的基本特征而言，以理性的商谈，关照各方利益关切，理顺多元主体的责权利关系，实现多元主体的行动整合，始终是其根本目标。① 因此，民主协商通过构建对话平台，创新沟通机制，在中央与地方，国家、政党与社会之间建立起一种全方位、跨层级的立体化政治沟通网络，以丰富的民主参与渠道和多样的民主协商内容，有效保障了公民基本政治权利。最后，不断推动民主协商的制度和机制创新，以多元化的民主协商形式推动民主政治过程向纵深发展。具体而言，既有定期开展的专题调研、协商座谈会等传统协商形式，也有依托数字技术开展的民意调查和电子政务等技术赋能协商民主的新路径。通过这种传统与现代，工具与机制相结合的方式，增强协商民主运作的持续性和制度韧性，以真协商促真民主。

由此可见，与选举民主或代议民主的时间上的周期性和领域上的特

① 唐亚林：《“全过程民主”：运作形态与实现机制》，《江淮论坛》2021 年第 1 期。

定性相比，协商民主具有全方位、全过程的特征。它既通过对选举后公共权力的行使过程进行“流程控制”，以实现民主问责，也通过共商共治体现人民主权和民众统治的政治要求。

二、中国式民主协商实践：以上海为例

在民主协商方面，上海坚持将协商民主作为一种嵌入性治理资源，通过协商机制的创新，搭建广泛参与、形态多样的民主协商平台，落实“人民城市人民建，人民城市为人民”的重要理念，将协商民主贯穿城市社会发展与治理的全领域、全方位和全过程。这主要体现在政治协商和基层协商两个方面。

政治协商主要包括政党协商、人大协商、政府协商和人民团体协商，主要涉及政治性事务的民主商谈和意见吸纳。从上海政治协商的具体实践来看，主要有机制创新和技术赋能两种创新路径。在机制创新方面，发挥政协机构的界别代表功能，以“界别”为组织单元，建立界别委员工作室和界别工作联席会议制度。与人民代表大会的地域代表制不同，政协机构的委员推荐与确定遵循的是职业代表制原则，旨在推进民主政治的跨阶层跨领域运作，避免精英政治和群氓政治的双重风险。为了进一步发挥政协机构的政治协商功能，上海市政协创新“界别 +”工作办法，通过组织界别委员定期专题调研和不定期的跨界别协商座谈相结合，丰富界别委员的政治沟通渠道，实现民主团结、统一战线和群众工作的有机结合。与此同时，为了进一步发挥党领导下的多党合作制度优势，上海市积极探索机制创新，建立多党民主协商，共同合作的机制

性平台，围绕不同党派之间共同关注的政治议题、社会问题和常规事务，定期举行协商对话会，调研协调会和工作统筹会，以增进多党团结合作，开展高效政治协商的质量水平。在技术赋能方面，为适应社会发展和公民政治参与的多元化需求，上海市大力推动新兴媒体、互联网和数字技术嵌入协商民主的运作过程，以实现民主政治的跨空间跨时间和跨界面运作。为此，上海市政协积极推动《协商第一线》电视栏目的开通运营，以期通过可视化的现代多媒体技术还原民主协商的真实场景，并通过电视节目的专栏化运作推动协商民主实践的制度化运转，从而展现中国式协商民主的丰富内容和真实样态。在此基础上，上海市政协在街镇层面逐步建立“协商于民”委员工作站体系，让政协委员下沉基层一线，围绕居民社区生活高度关注的民生议题开展线上线下综合性视频协商，向民众呈现一线协商的真实图景，增进政协委员与民众的政治信任与互相理解，彰显上海市民主协商的生动实践。

与政治协商不同，基层协商具有较强的治理面向，是全过程人民民主贯穿基层治理过程的主要方式。它既是一种民主参与方式，也是一种基层治理形式。① 从上海的基层民主协商实践创新来看，主要体现在建立“协商于民”政协委员工作站和社区“三会”制度创新两个方面。一是以建构统一的“协商于民”工作平台，推动政协委员参与基层治理。近年来，为提升政协委员参与基层治理的能力，发挥政协协商

① 韩福国：《作为嵌入性治理资源的协商民主——现代城市治理中的政府与社会互动规则》，《复旦学报》（社会科学版）2013 年第 3 期。

的政治和治理功能，上海市政协在全市街镇层面建立起委员联络机构体系，按照就近原则推动政协委员向基层报到，以生活联系助推政治联系的建构与维护，推动不同民主协商载体之间的有效衔接和补充，发挥政协的政治沟通功能赋能基层社区，实现民意的跨层级快速流动，避免科层壁垒对民意的选择性吸纳和针对性稀释等组织风险问题。二是积极推动社区“三会”制度创新发展，促进共建共治共享的社会治理共同体建构。社区“三会”制度是在社区治理过程中通过召开听证会、协调会和评议会的方式，扩大居民参与社区治理的制度设计。上海的社区“三会”制度源起于20世纪90年代末黄浦区五里街道的社区自治实践。经过20余年的发展已经形成了“三会配三制”的协商式治理模式。第一，听证会配公示制，实现全方位知情。召开听证会，一般由居委会牵头召集相关居民代表参会，就社区实施的项目或涉及居民群众切身利益的重大事项进行广泛讨论，会后根据听证会讨论的意见，形成听证决议并依据公示制度的要求通过社区公示栏和微信群进行公示。第二，协调会配责任制，强化参与主体的治理责任。面对协调会后出现的大量不落实和推诿等问题，紫荆居民区党总支带领居委班子创设了责任到位制，主要是在协调会结束前，以契约化方式明确各相关主体责任，由各方领导监督落实。第三，评议会配承诺制，解居民后顾之忧。在涉及居民利益的项目经过评议验收后，要求项目实施方对项目质量控制与维保进行承诺，并以契约条款的方式予以保障，切实保障居民利益。

第三节　民主决策层面的创新

民主决策是民主治理的关键内容。虽然相较于定期民主选举，民主决策更高的发生频率导致公众参与民主决策成本较高①，但民主决策贯穿于全过程人民民主整体过程中，是重要全链条结构。“议程设置”—“设计与制定”—“执行”—“评估”—“监督”—“调整优化”等阶段组成了完成的决策周期。②

一、连接起两个逻辑维度的民主决策

民主决策将建构起积极生动充满活力的国家和社会关系。公共决策涉及两个维度的逻辑，即强调权威化精英自上而下的控制逻辑与强调社会公众影响自下而上的参与逻辑。③不同于西方政治制度体系中讨价还价和联合决策以解决参与者目标与利益的争夺④，中国的民主决策紧密连接起权力精英改善决策与社会公众建构决策的过程，突出了自主性、能动性与情感性的特征。坚持完善广大人民对基层日常事务决策的全过程参与，将有力监督政府行为，并尊重人民意志，进而发挥人民智慧与活力，实现更具实质性、开放性、创新性与协商性的决策。

---

① 陈柏峰：《村务民主治理的类型与机制》，《学术月刊》2018 年第 8 期。

② 佟德志、张朝霞：《全过程民主决策的要素与结构》，《学术界》2023 年第 1 期。

③ 徐珣、王自亮：《商谈式民主决策及其社会行动机制研究——以温岭民主恳谈为个案》，《公共管理学报》2014 年第 2 期。

④ 唐亚林：《公权力制约监督的决策维度考察：一种基于全过程人民民主的新视角》，《广州大学学报》（社会科学版）2022 年第 3 期。

民主决策是中国共产党领导人民实现科学执政和民主执政的重要方法，寻找最大公约数的科学民主决策是保证中国共产党赢得人民群众长期支持与持续拥护的重要前提。在国家行动中，民主集中制是联通中国共产党和广大人民群众沟通的重要桥梁，有利于发挥有序参与集中力量办大事的优势。① 在基层村（居）自治中，民主决策与公共物品供给紧密相关，决策中的组织机构、决策规则和财政选择制度内生类似于村（居）自治的“立宪”过程，在保证决策民主性的同时，也将极大提升公共物品配置的有效性。②

二、中国式民主决策的鲜活实践

上海顺应经济社会发展，进一步深化民主决策创新与实践。全过程人民民主中的民主决策不仅是公开讨论所进行共同决策，更是争取在实践最大程度实现公众意见的交换与传递，展现了民主决策过程的开放化、科学化和民主化，落实在国家与社会的各类工作上，主要包括基层立法联系点、人民建议征集、民生实事项目人大代表票决制、重点项目听证会、网络征集民意等方面。

基层立法联系点。除了村（居）民会议、村（居）民代表会议、村（居）民小组会议等形式，基层群众通过基层立法联系点，直接参与法律草案的起草、立法调研、修改论证、立法后评估等多个环节。基层立

① 董树彬：《全过程人民民主的特色与优势》，《马克思主义研究》2021 年第 12 期。

② 李郁芳、蔡少琴：《农村公共品供给中的村民自治与“一事一议”——基于公共选择理论视角》，《东南学术》2013 年第 2 期。

法联系点深入基层一线居民区、村委会、校园、工业园区，全覆盖相关主体与民主议题，多重程序复合，直连普通居民与市人大常委会，具有较高能级与动势。① 多方参与者集中于基层立法联系点，不漏掉弱势群体声音，助力完善立规立法，充分发挥了反映民愿、集聚民智、顺应民意的关键作用。近五年来，覆盖全市 16 个区的 25 个基层立法联系点共提出立法建议 11740 条，被采纳 1124 条。② 基层立法联系点功能与内涵也从逐渐向立法前后环节拓展延伸，参与立法、监督执法、促进守法和宣传普法等。

人民建议征集办公室。人民建议征集是公民有序政治参与的重要途径。自 2020 年正式揭幕，上海市人民建议征集办公室加强人民建议征集制度的“升级转型”③。上海市各区人民建议征集办公室的建立将建议征集变“被动”为“主动”，积极丰富征集形式、提高征集频率、扩展征集内容、拉近征集距离。2021 年 7 月 1 日出台的《上海市人民建议征集若干规定》进一步促进人民群众的智慧力量汇集，被全国人大视作“践行全过程人民民主重大理念的生动实践和制度样本”④。人人都可以

① 佟德志、林锦涛：《基层立法联系点的全过程人民民主分析——以上海市为例》，《江淮论坛》2023 年第 2 期。

② 王海燕：《架起连心桥　民主获得感看得见能体验》，《解放日报》2023 年 1 月 9 日。

③ 杨静、林馥榆：《上海市人民建议征集办公室今天揭牌，让人民的“金点子”搭上“直通车”》，央广网，https://www.cnr.cn/shanghai/tt/20200717/t20200717_525171386.shtml，2020 年 7 月 17 日。

④ 新华社“解码魔都”工作室：《解码魔都丨五个篇章精彩写就——上海市第十五届人大常委会履职回眸》，新华社，https://h.xinhuaxmt.com/vh512/share/11307675?d=134afde&channel=weixin，2023 年 1 月 10 日。

就关注的问题发表意见。并积极运用技术赋能，与“一网通办”改革联动开展征集活动，拓宽民意表达渠道，将人民意见组织起来，避免精英垄断的意见反馈“漏斗”局面。① 另外，上海市创新人民建议征集制度，加强与建议人沟通反馈，增强政府回应，实现公众参与的双向沟通。

民生实事项目人大代表票决制。民生问题关乎群众切身实际，意义重大。为解决单向性决策所带来的供需不匹配、资源配置不经济等问题，集聚民意表达、多方协商决策以及人大监督评估，由人大代表投票选出民生实事项目。② 在各级人大探索性工作的基础上，2023 年 5 月上海市人大常委会积极出台具体方案，推动民生实事项目人大代表票决制落地，保证为民办实事的长效机制。③ 通过前期调研、多方征询、反复论证，把老百姓最关心的事情的关键决定权交到人大代表与人民群众手中，充分发挥地方人大职能，有效推进民主决策机制创新。

重点项目的听证会。上海严格要求对社会民生、基础建设、环节提升、产业项目等重大投资项目开展专项听证会，广泛听取社会各界意见建议，促进政府决策制定公开透明，落实在各级工作中。出台相关实施规范为工作提供坚实保障，完善政府重大事项决策程序，确保人民群众

---

① 高艳：《公民参与视阈下的人民建议征集制度》，《理论导刊》2011 年第 12 期。

② 周光辉、刘传明：《民生实事项目代表票决制：破解地方政府“民生难题”的制度创新》，《理论探讨》2023 年第 2 期。

③ 李佳蔚：《上海打响全过程人民民主最佳实践地亮丽品牌，推出十大举措》，澎湃新闻·浦江头条，https://www.thepaper.cn/newsDetail_forward_23221721，2023 年 5 月 25 日。

多途径和形式参与决策。强调方案的合法合规性，吸纳各方诉求，完善方案制定。条线部门直面居民，耐心解答居民关心问题，并汇总居民意见建议，提交有关部门研究论证，有效降低社会风险。①

网络征集民意。为用好互联网这一民意表达的重要空间，上海不断畅通征集渠道，完善征集机制，从“手掌上”到“家门口”，全力打造线上线下征集平台。将数字平台嵌入城市治理结构，多途径、多平台开展网络意见征集，积极应对复杂社会情形与网络社会兴起，引导民众合法合情合理表达意见。用好政务微信公众号与政务微博，提高政府信息公开；“一网通办”集成沟通渠道，推动政社互动，政务服务“好差评”与网上市委领导与市领导信箱每天定时接收、登记、办理、回复，提高政府决策回应，提升政府公信力。

第四节　民主管理层面的创新

“人民的事人民管，人民的事人民办”，民主管理践行以人民为中心的管理理念，是一种广大人民群众有序政治参与下的多数人管理多数人的管理方法。民主管理是人民当家作主的重要体现，并为之提供了切实有效的实现途径。②

① 王月华:《事关3000多户居民！老城厢的这个重点项目迎来听证会!》，上观新闻，https://sghexport.shobserver.com/html/baijiahao/2023/03/11/979810.html，2023年3月11日。

② 郭红军:《习近平关于发展全过程人民民主的重要论述及其重大价值》,《中州学刊》2022年第7期。

一、民主管理的内在机理

民主的实质是社会成员参与社会的管理①，民主管理则是全过程人民民主当仁不让的关键体现。民主管理通过“一核多元”的民主参与，党带领人民对公共事务进行有效管理。②不同于传统管理的主客体分离，民主管理的主体与客体相统一③，广大人民群众共同参与管理，以多方式参与公共事务的管理过程，实现自我管理与相互管理。人民群众自我管理、自我服务、自我教育、自我监督渠道多元企事业单位职代会制度、工会管理制度、公开制度、基层村（居）自治管理、团青工妇与社会公益性事业民主管理，具有主体的广泛性、内容的直接性、发展的主导性与渐进性。④最为典型的企事业单位民主管理制度建设，职工以不同形式共同参与企业管理职能，不仅包括自我规划、自我引导、自我健康等日常活动，而且包括对薪资待遇、福利保障等员工集体利益相关内的管理参与，通过集体协商争取劳动者权益，全面展示出其劳动地位的价值。⑤在参与企业管理过程中表现出集成民主管理参与国家政治生活和社会生活的管理。而在基层村居，民主管理制度落实程度将影响村民

---

① ［美］科恩：《论民主》，聂崇信、朱秀贤译，商务印书馆 2004 年版，第 273 页。

② 郭红军：《全过程人民民主的内在逻辑》，《思想战线》2022 年第 6 期。

③ 罗家为：《全过程人民民主何以赋能基层治理现代化》，《中共宁波市委党校学报》2023 年第 2 期。

④ 刘杰：《中国式民主：一种新型民主形态的兴起和成长》，时事出版社 2014 年版，第 245—247 页。

⑤ 陈玮：《有技术是否依然无地位？——制造业技术工人参与企业民主管理的实证研究》，《华东理工大学学报》（社会科学版）2022 年第 6 期。

满意度，并且适度增加信息公开有利于提升民主管理开展。① 在乡村振兴战略背景下，民主管理更进一步渗透农村社会治理、集体经济与乡村建设②，能够为“谁的乡村振兴与谁的形成建设”这一关键问题提供实践回答③。

二、中国式民主管理实践：以上海为例

上海不断深化民主管理制度发展，探索创新多形式、多层级、多角度的民主管理实践，充分发挥主体作用，在村（居）民自治章程与村规民约、政务公开与村居务公开、公示制度、人大代表进社区、企事业单位的职工董事、职工监事制度、社会组织的监事制度以及 12345 热线满意率等各项工作取得显著成效。

村（居）民自治章程与村规民约。在城乡社区民主管理中加强制度化与规范化建设，上海市农村和城市社区居民结合本地实际，由村（居）民讨论制定具有特色的村（居）民自治章程、村规民约、居民公约等，明确规定村（居）民的权利和义务、组织间关系和工作城乡以及各方面自治要求，实施率达到 100%。由村（居）民主动提出、充分参与、加强认同、自觉维护，普遍实现村（居）民在基层公共事务和公益

① 张扬金、陈林夕、邓观鹏、杨淑玲：《村委会民主绩效的关键要素研究——全过程人民民主视阈下的实证检验》，《管理学刊》2022 年第 4 期。

② 张欢：《“民主管理型”集体经济现实基础与运行机制——以成都市 Z 村的实地考察为基础》，《农林经济管理学报》2019 年第 3 期。

③ 贺雪峰：《谁的乡村建设——乡村振兴战略的实施前提》，《探索与争鸣》2017 年第 12 期。

事业中的自我管理、自我服务、自我教育、自我监督。以制度化、自主性、组织化力量强化村居自治与民主管理，找到自治、法治、德治的平衡点①，并在区政府网站上公开，结合形势与村民意见，及时修订完善。

政务公开与村居务公开。上海市政务公开工作推动政务公开与政府履职深度耦合，以广覆盖、全流程、多渠道、高标准加强政务公开工作，加强主动公开、依申请公开、政府信息管理和政府信息公开平台建设，近年来各区与职能部门公文主动公开率达到90%以上。并且，扎实推进村居公开工作。各区设定社区村居务公开工作指引，设定公开事项目录，主动规范公开村居党务、村居务、财务公开等情况，并及时在各区人民政府网站与各类信息平台中主动公开，让村居民看得明白、懂得全面，有利于村居民参与社区治理。

公示制度。上海市建立各领域、各层级推进公示制度，就行政执法、食品安全、保障性住房信息、优化营商环境举措、党政领导干部选拔任用等内容推进公示制度，提升公平公正与科学民主。特别是党政领导干部任职前公示制，上海市走在全国前列，成为公示制度民主化、科学化转型的重要支撑。任职前公示制度具有民主化和制度化等重要特征，能够通过发挥社会公众的分散信息优势，鼓励干部任免管理中的民主监督②，得以充分发扬民主，并严格依照法律程序办事。

---

① 杜晨薇：《【新时代新作为新篇章】上海奉贤170个村，让村规民约成为“草根宪法”》，上观新闻，https://www.jfdaily.com/news/detail?id=149057，2019年5月5日。

② 叶志鹏、谭新雨：《党内法规“试点”的过程与机制——基于对干部任前公示制的历史考察》，《华中师范大学学报》（人文社会科学版）2023年第3期。

人大代表进社区。上海市积极开展各级人大代表进社区活动，设定人大代表接待选民日，在履职尽责的同时将服务资源带到社区。为更好联系选民，上海建立起 5552 个“家站点”，即代表之家、代表联络站、代表联系点，遍布全市各区，平均每平方公里就有 1 个“家站点”，并且向社会公开地址、电话与代表联系方式，极大程度提升群众直连人大代表的可能性。①已有 4.3 万人次各级代表在“家站点”中联系人民群众，深入了解群众呼声和期盼，及时反映群众意愿，努力解决群众的“急难愁盼”，积极探索基层全过程人民民主管理的实践路径。

企事业单位的职工董事、职工监事制度。企事业单位的民主管理是全过程人民民主最为典型的实践。截至 2022 年 10 月，上海 11 万家企事业单位建立职代会。全市超过 90% 的市属国有企业和央企在沪总部都已建立集团多级职代会。②上海市自 21 世纪初，开展职工董事、职工监事制度试点，不断推动企事业单位民主管理制度建设走深走实。通过加强企事业单位民主管理制度建设，推进现代企业制度中的职工参与，最大程度把各行业、各领域、各层面的劳动者团结凝聚在党的周围。上海各类企业通过健全民主管理制度和方式，更好地实现职工主人翁地位。企事业单位民主管理体现了职工及其代表的民主权

---

① 王嘉旖：《“首提地”迈向“最佳实践地”　全过程各方面彰显为民初心——上海市十五届人大五年履职综述》，《文汇报》2023 年 1 月 9 日。

② 王海燕：《上海 11 万家企事业单位建立职代会，如何进一步提高建制率》，上观新闻，https://www.shobserver.com/staticsg/res/html/web/newsDetail.html?id=543501&sid=67，2022 年 10 月 27 日。

利，有力维护和保障了广大人民群众日常工作生活中的民主权利及合法权益。①

社会组织的监事制度。截至 2023 年 6 月，根据上海社会组织公共服务平台数据，上海市共有 17345 家社会团体、基金会、社会服务机构。为进一步推动社会组织以组织化的方式积极参与社会公共事务治理，须继续多领域开展社会组织民主管理实践。上海市推动社会组织全面建立社会组织监事会制度，促进社会组织规范化运作，推动监督工作发展更为具体、精准与透明。在“十四五”期间，上海计划逐步建立包括律师、会计师等的社会组织监事人选库，探索试点独立监事制度。

12345 热线满意率。民主管理直接关系到人民当家作主地位的体现，需要顺应新时代要求不断健全与完善。②上海 12345 热线运行已有 10 年有余，答复率与满意率屡创新高。听民声、聚民智、解民忧，政社互动共创美好生活，群众通过热线主动表达诉求，成为共同参与城市管理。作为上海政务服务“一网通办”和城市运行“一网统管”的总客服，12345 热线直接紧密联系群众、服务群众。政务服务指数全国名列前茅。社会公众通过这一统一平台参与民主管理过程，提高民意反映效率，化解参与障碍。并通过数据赋能治理，开发智慧系统，提前发现群众问题，变“被动发现”为“主动发现”，前移服务管理关口，为践行

① 李友钟、王仁富：《新时代国家治理现代化视域下的企业民主管理》，《上海师范大学学报》（哲学社会科学版）2021 年第 4 期。

② 董树彬：《全过程人民民主的特色与优势》，《马克思主义研究》2021 年第 12 期。

民主管理提供支持。

第五节　民主监督层面的创新

民主监督是实现民主的重要保障，高质量的民主权利与民主权力运用需要全面有效的民主监督。“以权利监督权力”，健全党和国家监督体系，充分发挥民主监督功能，将极大提升全过程人民民主完整链条执行效果。

一、民主监督的功能内涵

党的十八大以来，逐渐形成了“以党的统一领导和党内监督为核心，国家监察监督和国家机关监督为主导，人民政协和民主党派监督为常态，以司法机关监督和法治权威为保障，以有序的群众监督和舆论监督为基础”的社会主义民主监督模式。① 民主党派民主监督是党和国家监督体系的有机组成部分，也是基础性制度安排。作为“中国特色社会主义参政党”，民主党派积极履行民主监督职能，制度渠道和形式日益多样化。② 每年公布上海市政协协商和民主监督计划，并连续多年聚焦重大工程、重大项目、环境保护、民生实事等内容开展专项民主监督或专题监督，形成高质量调研报告，提出系统性意见建议。并且，上海市政协与长三角区域政协联动，围绕数字赋能、长三角一体化开展民主监

① 尹奎杰：《全过程人民民主的过程性》，《荆楚法学》2023 年第 2 期。

② 李青、钱再见：《历史制度主义视角下民主党派民主监督制度变迁逻辑》，《学习论坛》2021 年第 2 期。

督调研。①

同时，上海市不断探索与强化民主监督实施，保障民主团体与人民参与的协同性。让人民群众多种途径、多种方式监督好国家权力，有利于提升各级政府的责任意识与服务意识、持续推动各级政府队伍建设和工作开展，有效保障人民利益的民主要求，促进人民福祉。通过全过程人民民主中的民主监督实现人民普遍参与和有序参与。②人民群众对国家权力的监督最为直接与便利的方式就是批评权与建议权的行使，能够实现对权力的无缝隙监督。③

二、中国式民主监督实践：以上海为例

上海市全过程人民民主中民主监督的创新实践不断涌现，展示出普遍性、专业性、制度性、人民性的特征，多领域多渠道民主监督创新走在全国前列。这主要体现在社区村居务监督委员会、行风监督与行风评议员、来信来访（信访）、特约监察员、审计委员会等方面。

社区村居务监督委员会。按照中共中央办公厅、国务院办公厅要求，上海市积极建立健全村务监督委员会，并尝试整合城市社区居务公开监督小组和民主理财小组，成立社区居务监督委员会，不断推动民主

① 《上海市政协协商和民主监督计划公布，“1+4”布局正式形成》，政协联线，https://baijiahao.baidu.com/s?id=1695263264859212879&wfr=spider&for=pc，2021年3月26日。

② 范进学：《信访行为之权利与功能分析》，《政法论丛》2017年第2期。

③ 任剑涛：《“全过程人民民主”中的权力无缝隙监督》，《广州大学学报》（社会科学版）2022年第3期。

监督向基层延伸。根据社区情况，制定专门社区居务监督委员会制度，规定职责、程序、工作流程等内容，要求主任必须列席重要居务的社区两委会，具有发言权、建议权，并对社区事务、财务公开情况进行审核。不以微小而忽视小微权力运行，着力提高社区工作的规范性、透明性与公开性。另外，针对工作遇到的具体问题，上海市各区定期对社区监督委员会主任提供培训，发挥好居务监督委员会职能，居民实质性参与社区事务治理。①

行风监督与行风评议员。早在2003年上海市就出台办法，建立政风行风监督员聘任管理制度，逐渐在市场监管系统、医疗卫生系统等各领域建立“党风政风行风监督员”②，积极开展民主评议工作。通过加强监督员队伍管理、明晰评议范围、建立评议机制并坚持成果导向，提升民主监督的广泛性、常态化与实效性。并且针对监督员、评议员与群众反馈的意见，积极整改落实，提高服务水平，努力营造高质量制度环境。

来信来访（信访）。信访制度建立发展以来，对中国特色社会主义民主制度进行了有益的补充。上海市积极前移监督关口，建立遍布全市215个街镇级“家信访”服务站，并把信访“人民满意窗口”创建

① 《2021年普陀区新进居务监督委员会主任培训会召开》，上海普陀，https://www.shpt.gov.cn/shpt/mz-xinwen/20210924/706627.html，2021年9月24日。

② 上海市场监管：《市局召开2021年上海市市场监管系统党风政风行风民主评议工作动员会》，上观新闻，https://sghexport.shobserver.com/html/baijiahao/2021/04/16/409491.html，2021年4月16日。

工作拓展至村居委，打通“家门口”信访服务“最后一公里”，加强信访监督把监督触角主动延伸至群众身边。由利害关系人直接提出信访监督更具针对性、有效性与直接性。近年来，上海市打造信访智能化信息系统，通过建立健全“日记录、周小结、月汇总、季分析”工作机制，构建“纵向到底、横向到边”的信访信息管理体系①，各区可通过大数据分析完善基层信访的过程性监督，关注工作重点、群众关注点、查办信访举报的廉政风险发现处置点，及时提供全方位、多层次、高质量的综合信息，为精细化服务监督执纪问责和监督调查处置提供有效支撑。

特约监察员。截至2023年5月，上海市监察委员会已选聘两届特约监察员，涉及来自不同行业领域的80名优秀专业人士，检视监察委各项工作的政治效果、纪法效果、社会效果，并出台《上海市监察委员会特约监察员工作办法》明确规定聘任换届、工作职责、权利义务等制度。在各条线专设“特约监察员信箱”，并参加市纪委监委“信访接待日”工作，直面访民。“特约监察员”制度创新逐渐在各区监察委、检察院等部门扩散开来，加强监督制约，提升监督质效。

审计委员会。审计是党和国家监督体系的重要组成部分。建立审计委员会深化审计服务改革，以高质量审计监督护航上海经济社会高质量发展。上海审计局“开门搞审计”，不仅深入基层做调研，并开展“审

① 《上海聚焦监督首要职责　做好信访举报工作》，中央纪委国家监委网站，https://www.ccdi.gov.cn/yaowen/201905/t20190514_193879.html，2019年5月21日。

计开放日”活动，推动审计工作监督和保障作用的充分发挥。① 上海市以“审帮促”创新突破审计困境，各区审计局纷纷组建青年讲师团“送教上门，服务基层”，为基层提供审计“点单”服务，提高基层各单位审计管理水平，防范于未然。另外，加强审计机关与纪检监察机关沟通配合，形成监督合力，创新政府审计转型发展。

① 上海市审计局：《“走进审计现场”——市审计局成功举办“审计开放日”活动》，上海市人民政府，https://www.shanghai.gov.cn/sjbmkf/20220901/df00f10fc0844087a9f5df09792ab382.html，2022 年 8 月 31 日。

第五章

全过程人民民主的理论价值与分析维度

第一节　民主比较的维度确立

民主是全世界人类的共同价值，只有通过比较不同国家的民主制度和实践，才可以更深入认识有效的民主理念和制度设计。当前全球化遭遇到严重挑战，对各国民主的比较研究可以帮助国家间更好地理解和尊重，从而增进国际间的理解和交流，促进世界和平与发展。

一、民主比较的方法论

从学术理论来看，对各国民主的比较研究可以丰富和发展民主理论，提供更多的实证研究材料和案例，为民主理论的发展提供理论和实践的支持。既有的对于民主的比较研究主要有以下几种形式：

（1）指标比较：可以通过建立一些量化的指标，如民主指数、自由度指数等，对各国民主程度进行比较。但是民主指标的建立本身又存在一定的困难和挑战，指标的背后是各个国家复杂的国情与意识形态立场，因此过于具体的指标确立往往难以达成共识。

（2）制度比较：比较各国的选举制度、决策制度、权力分配制度等，从而了解其民主制度设计的优劣和特点。制度比较更为清晰具体，但是民主不仅仅是一种制度形式，其背后也蕴含着民主文化和生活方式的成分。

（3）案例比较：选取具有代表性的民主案例，如特定的政策决策、社会事件等，比较具体实践中的民主表现。这种比较往往能够从某一侧面反映民主状况，但是往往会陷入代表性、普遍性的诘难。

（4）历史与文化比较：通过比较各国的民主发展历程，理解其历史演变和影响因素。并对一些如公民的民主观念、社会的民主氛围等，展开长周期的分析。

二、民主比较的主要分析维度

为了汲取上述比较方法的优势，这里通过建立一个较为普遍的分析框架提供一个具有科学性的分析体系，并在具体的分析中结合制度分析、案例分析、历史分析，从而更好地提供民主比较的理论支撑。

（一）实质参与广泛性

在比较各个国家的民主时，单纯依靠宪法或法律上的声明是不够的。民主的实质不仅仅是法律框架或政府结构的问题，更是如何确保公民积极参与政治过程、确保少数人权利和确保决策过程透明的问题。实质参与的广泛性作为一个标准，为我们提供了一个从实践中评估民主的方式。

许多国家的宪法都宣称自己是民主国家，但只有当公民真正参与决策过程时，民主才能真正得以实现。通过衡量实质参与的广泛性，我们可以看到公民在日常政治中的实际地位。政策的制定、执行和评估都需要公众的参与。评估实质参与的广泛性可以让我们了解到公众在这些关键阶段的参与程度。

在一个民主社会中，仅仅举行选举并不等于实现了民主。有些国家可能会定期举行选举，但这些选举可能受到操纵，或者结果已经预设。实质参与的广泛性可以帮助我们识别这些仪式化的民主，并进一步了解选举背后的实际政治过程。只有通过实质参与的广泛性来比较各个国家的民主，才可以超越简单的选举和法律文本，真正深入了解一个国家的民主健康状况。这种比较不仅可以揭示不同国家之间的差异，还可以为那些希望加强其民主制度的国家提供有价值的洞察。

（二）嵌入治理真实性

政策决策的过程是否真正基于公众的需求和意愿，以及是否反映了公众的多样性和复杂性，都需要依靠嵌入治理真实性进行反映。简而言之，嵌入治理的真实性体现了政府如何与其公民互动，并确保他们的声音被真正听到并充分重视。

民主的核心是确保公众有机会参与政策制定和决策过程。但是，不是所有的“参与”都是平等的。嵌入治理的真实性强调了公众意见真正被听取和考虑的重要性。许多西方国家，决策往往集中在少数精英或特定团体手中，这些团体可能有其特定的利益和议程。通过评估嵌入治理的真实性，可以识别出这种集中化趋势，并推动更广泛、更具包容性的参与。

现代政府需要适应不断变化的社会需求。嵌入治理的真实性可以帮助我们了解政府如何响应公众的变化需求，以及它如何修改和调整政策以满足这些需求。当公众觉得他们的声音被听到，并且在政策制定中起到了关键作用时，公众就会更支持和遵守这些政策。

总的来说，强调嵌入治理的真实性意味着强调真实的民主效能，而不仅仅是选举时的投票。通过嵌入治理的真实性来比较各个国家的民主，我们可以深入了解政府如何与公众互动，以及公众如何影响政策决策。这种比较提供了关于各个国家真实治理状况的深入见解，并有助于识别和推广最佳实践。当政府能够真正嵌入治理并与其公民建立真实的互动时，更有可能实现持久、有效和公正的民主。

（三）人民民意回应性

人民民意回应性是政府在其政策和决策中对公众的需求、意愿和期望的反应程度。民主的基础是公众参与和代表性。如果政府的决策不能反映人民的意愿，那么其民主性质就会受到质疑。人民民意回应性是评估政府是否真正为民众服务的关键指标。

现代国家中，当政府的行动与公众的期望和需求一致时，公众更有可能支持政府并认为其行为具有更强的合法性。这种认同感对于民主的稳定和持续性至关重要。回应性还能够确保政策的适应性和效果，当政府响应公众的需求和意愿时，它制定的政策将更加有效和合适。人民民意回应性能够增强民众对政府的信任感。当政府显示出对公众意愿的关心和回应时，这有助于建立和维持公众对政府和其决策过程的信任。

（四）制度执行有效性

制度执行有效性指的是一个国家或地区的政府和公共机构在执行其

职责和实施政策时的能力和效率。这个维度对于民主的健康和稳定至关重要。

民主不仅仅是在选举中让公众发声，还需要确保这些声音能够转化为实际的、有效的政策和行动。制度执行有效性能够评估政府是否能够履行其承诺。当政府能够有效地执行其职责时，公众更有可能信任政府并认为其行为是合法的。有效的政策执行增强了公众对民主制度的信心和支持。

制度执行的效率意味着资源被正确地利用，政策目标更有可能被实现。这确保了公共资源的合理使用并优化了政府的整体表现。并且对一个国家来说，高度的制度执行有效性通常伴随着更强的制度监督和问责机制，这可以防止和减少腐败和滥用权力。

总的来说，制度执行有效性不仅关注政府的决策制定过程，还关注这些决策如何在实际中得以执行。提高制度执行的有效性是提升民主效能是一个关键的步骤。

（五）流程过程监督性

政府决策过程的公开性、透明性和可问责性是民主的重要体现。这一维度揭示了公民、社会和其他利益相关者在了解、挑战和影响政府决策过程中的能力。当考虑到民主的健康和活力时，流程过程监督性的角色尤为关键。

民主政府的决策过程应该具有公开性和透明性，这样公民和其他利益相关者才能理解、参与和影响这些决策。只有当公民和社会能够监督政府的活动并对其提出质疑时，政府才会对其行为负责。当政府的决策过程公开、公正并且可以受到质疑时，这可以建立和维持公众对政府的信任。信任是民主稳定和健康的基石。

实现流程过程的监督能够极大地预防和减少腐败。当政府的行为受到严格监督，并且决策过程透明时，腐败的机会将大大减少。信息时代，流程过程监督性的角色比以往任何时候都更为关键，因为公众对政府的期望和需求也在不断增加，监督成为了民主的坚强保障。

第二节　实质参与广泛性

全过程人民民主是一种非常重视参与的民主制度，强调社会各个层面的人民群众都有权利参与决策和治理过程。其核心在于民主的过程本身就是一种公正和平等的参与方式，每个人都有权利表达自己的观点和利益，从而参与决策制定和治理过程。通过比较中西民主在实质参与方面的状况，有助于理解参与对于民主的重要价值。

一、西方民主的参与性短板

西方民主制度中最显著的短板之一是参与范围。虽然西方民主制度一开始的目的是要为所有的公民提供民主参与机会，但因为其固有的原始和特权性质，导致了许多社会群体的排除和边缘化。例如在美国，长期以来黑人、原住民、女性等被排除在参与体系之外，不能像其他公民一样享有民主权利。同样，在欧洲，种族、地区、社会阶层和性别等方面的歧视也导致了许多人无法参与民主进程。

同时，由于候选人和政党的金钱和影响力，往往会导致选举结果被操纵。政治宣传也会误导公众，在投票前无法得到充分的事实和真相，令人们对选举过程及结果产生怀疑。如何打破这种政治风险的情况，提高公众对民主政治的信任，一直是西方民主制度需要攻克的重要难题。

参与不足的政治现象，导致少数人的意愿能够左右整个社会的决策和发展。这种现象往往是因为大多数人对于政治制度缺乏理解，缺乏主动参与，从而让小部分人代表所有人发声，这种情况一定程度上反映了民主制度的缺陷。

具体而言，西方民主的参与不足问题具体表现在以下几个方面：

第一，政治代表只关注少数人的意愿。这是民主选举的固有问题，往往是那些在经济地位、社会地位等方面拥有优势的人士能够更容易地获得权力。而当这些人士在职位上得到了很高的权力时，他们通常只关注与他们有关的利益和政策，而不考虑广大民众的利益。这种代表只关注自己和部分人群的利益的情况，将长期带来巨大的社会不满和矛盾。

第二，过于依赖政治宣传导致舆论漠视和民众麻木。这一现象通常出现在民主选举中的负面竞选，如恶意的谩骂、诋毁、造谣等。当这些情况出现时，民众通常难以分辨真伪，从而导致他们不知道该信任谁，或者对整个民主制度开始产生怀疑。因此，即使民主制度是一种可信度很高的制度，但由于竞选的负面氛围，民众的参与度也会降低。

第三，海量的信息输入使得民众难以选择。在智能时代中，亿万条信息源源不断地涌入，使得民众需要面对的信息量和复杂度越来越大，而影响多方涉及。这种情况也导致许多民众不知道自己究竟应该相信什么，从而停滞不前。

以上三个问题都有将增强政治选举的形式化，使得选举结果不能反映社会的普遍意愿，并且会引发社会的矛盾。

二、我国全过程人民民主实践中的广泛参与

自从改革开放以来，中国在政治、经济和社会层面都发生了巨大的变化，其中之一就是从计划经济向市场经济转型，这种转型对中国的政治现实和民主实践有着广泛的影响。近年来我国大力推进全过程人民民主实践，致力于加强民主制度和参与广泛性保障，为提高全社会的发展提供基础。

参与全过程人民民主，是一种广泛面向公众的参与形式。它不仅意味着人民可以参与政府决策过程，还意味着他们可以对决策进行全面的评估，发表意见和提出建议。这些评估和建议可以被纳入决策，从而保证决策的科学合理性、真实性和可行性。全过程人民民主的重要性就在于，它可以让人民真正的参与政治决策，使政治普及化和社会公正性得到提高。

从理论属性来讲，全过程人民民主是指政府在公共决策过程中，充分考虑和吸纳广大市民的意见和建议。具体来说，就是在制定政策、计划和项目时，邀请市民参与，听取他们的看法和意见，甚至让他们直接参与决策过程。这种民主参与方式可以增强政府与民众之间的联系，促进政策贯彻和落实的效率，同时也提高了市民的参与感和满意度。

首先，地方政府在制定城市规划、环保治理和交通改善等计划时，积极通过各种平台和工作机制，邀请市民参与，并根据市民的反馈进行修正和改进。这种做法不仅仅是一种表面的参与，而是真正让市民的想法和要求变成了政策的一部分。例如，在上海的公共交通发展中，政府特别注重听取市民对于地铁、公交等交通方式的看法，从而改善交通状况，提高市民的交通出行质量。

其次，地方政府还通过一些具体的政策和措施，提高市民的参与度。例如，各地政府设立了市民参与监督机制，让市民可以通过网络和12345 热线等途径及时反映城市发展与治理过程中存在的问题。同时一些地方政府大力推行“阳光工程”，让政府部门的工作流程和资金使用等都能够得到公开，让市民可以更好地知道政府决策的过程和结果。

再次，各地政府通过创造社会一体化的环境，促进全过程民主实践关键基础。城市政府逐渐消除了个别社会群体与政府的隔阂，鼓励他们参与社区、学校和企业的民主协商，使全社会拥有更加广泛、多样的参与机会。上海市政府还着重建立权力公开制度，充分保障政府和人民之间的透明度和互动性，从而保障民主实践的顺利运行。

第四，各地政府积极创造一个和谐、内容丰富的参与生态系统。政府不断鼓励人民发表自己的价值观和信念，鼓励不同的声音和观点，以便创造一个更为开放的共同体。尤其是通过媒体、公开会议、网络和其他公共媒介，向公民传递更为全面、详细和及时的政治信息，以便让他们参与决策制定和实施的过程。

近年来，我国通过全过程人民民主来推动更广泛的群众参与。通过全过程人民民主，各地进一步推动了市民的参与度和满意度，为经济社会长期和可持续发展打下了坚实的基础。当然，在实践中仍然有一些问题需要解决，例如如何协调不同群体间的意见和冲突等。但是，全过程人民民主无疑已经成为了推动更广泛的群众参与的一条可行之路。

三、全过程人民民主中广泛参与的重要性

全过程人民民主是一种非常广泛参与的制度，要求社会各个层面的人民群众都能参与决策制定和治理过程。其核心理念是民主的过程本身就是一种公正和平等的参与方式，每个人都有权利表达自己的观点和利益，从而参与决策制定和治理过程。全过程人民民主的广泛参与特征主要表现在以下几个方面：

首先，全过程人民民主要求参与的广泛性不仅仅是在形式上，更是在内容和影响力上。这就要求政府和决策者不仅仅要接受公众的意见和建议，更要把公众的意见和建议融入政策决策和实施。这需要决策者在政策制定和实施过程中充分发挥公众的作用，利用各种渠道和方式，收集和整合公众的意见和建议，并公开透明地表达政策的制定和实施过程。

其次，全过程人民民主强调参与的广泛性不仅仅是政治参与，更是社会参与。这就要求政府和决策者要充分尊重和支持公众的自我组织和自我行动权利，促进公众在社会和政治各个方面的参与。这需要政府和决策者在政策制定和实施过程中不断拓展公众参与的范围和方式，建立

和完善多元化的参与机制，支持社会组织和公民运动，促进公众参与和反馈的自由和平等。

第三，全过程人民民主强调参与的广泛性不仅仅是一次性的，更是持续性的。这就要求政府和决策者要把公众的参与作为一种制度化的机制来看待，建立起长期稳定的参与机制和反馈机制，不断促进公众参与和反馈的可持续性和有效性。这需要政府和决策者在政策制定和实施过程中建立和完善长效的公众参与机制，利用科技手段和社交媒体等平台，提高公众参与和反馈的效率和质量。

全过程人民民主的广泛参与特征要求参与的广泛性不仅仅是在形式上，更是在内容和影响力上；不仅仅是政治参与，更是社会参与；不仅仅是一次性的，更是持续性的。虽然全过程人民民主具有自我纠错、提高政策合法性和公正性、促进公民意识和参与等优势，但也存在公众理智性和操控性问题、决策过程复杂和拖延、公共资源浪费和情感疲劳等局限性。因此，政府和决策者在推进全过程人民民主的过程中，应该充分发挥公众的作用，建立和完善多元化的参与机制，加强公众与政府的沟通和互动，提高公众参与和反馈的效率和质量，从而实现全过程人民民主的目标和价值。

第三节　嵌入治理真实性

治理是否真正基于公众的需求和意愿，以及是否反映了公众的多样性和复杂性，是现代民主的重要评价维度。嵌入治理的真实性体现了政府如何与其公民互动，并确保他们的公民的意见被真正关注到，并且能够成为政府工作的着力点。

一、西方民主与政治决策的“两张皮”

西方民主对政治决策影响较弱，很难深度参与治理。首先，西方民主过度重视分权制衡的形式，通常采用分权制衡的原则，政治权力被分散在行政、立法和司法三个部门，这导致决策过程变得复杂和低效。也基于此，从决策的实质上来看，西方决策是一个决策各方达成妥协的过程。政治决策各方最终沦为平衡利益的方案。

其次，西方民主是两党或多党制下的党争民主。西方国家通常有多个政党参与政权竞争，这可能导致政治分裂和僵局，使得政府难以迅速作出决策。这种党争不仅在国家层面，在地方层面也普遍存在，严重制约了决策的效率和真实性。

最后，西方民主制度下，选民可能更关注短期利益，而忽略长远问题。西方民主政治的票决传统，不一定代表真正的多数人，更无法体现出后代人的更长远利益，短视性、偶然性弊端突出。这可能导致政府在决策时过于追求短期政绩，而忽视长期发展。

二、我国全过程人民民主实践对决策的真实作用

习近平总书记提出“全过程的民主”这一新理念，直接针对的是全国人大法工委在上海设立的基层立法联系点的工作，也是人民民主实践对决策产生真实效能的生动体现。

近年来全国各地在全过程人民民主实践中，在政治决策方面产生了

积极影响，具体表现在以下几个方面：

第一，持续增加民众参与政策讨论的实效性。各地通过广泛征集民意、召开座谈会、开展网络问政等方式，鼓励市民参与政策制定和讨论。这有助于政府更好地了解民众需求，使政策更加符合民意。上海虹桥街道是全过程人民民主重大理念的首提地，“有事好商量，众人的事情众人商量”已经蔚然成风。在一些小区未更新微改造的过程之中，多边多轮协商决定解决方案广泛出现。通过充分发动居民参与、广泛征集居民意见，对持有不同意见的居民进行逐一走访，在基层生动演绎了党建引领下全过程人民民主的基层实践。

第二，不断依靠群众智慧提高决策质量。在全过程人民民主实践中，各地借助民众的智慧和经验，对政策进行充分论证和完善。这有助于提高政策的科学性和有效性，减少决策失误的风险。举例来说，上海在基层建设了一批“协商于民”政协委员工作站，通过协商民主，践行基层“全过程人民民主”理念。小区中环境治理难、休闲娱乐场地不足、部分设施损坏的问题，都通过政协委员工作站专业性强、联系面广的优势，对小区改造的程序、设计方案中的细节提出前瞻性、可行性的建议，并且在对改造的建设、监管、评价、验收的各个环节探索也引入了政协委员等多方力量。

第三，坚持增强政策的公信力和执行力。各地不断完善民众参与政策制定过程，有助于增强政策的公信力。当民众认为政策是经过充分讨论和公正制定的，他们更愿意支持和遵守这些政策，从而提高政策的执行力。在上海推进苏州河中远两湾城段改造的过程中，针对总长约1690米的范围，从区、街道到居民区和居民楼组共搭建了四级工作专班，由分管领导牵头包干，300多名工作人员包楼到户，通过“红色议事厅”让党员群众共商共议苏州河贯通事宜和小区建设方案，带动广泛参与，推进议事力度。针对收集到的近2000条建议中具有集中性、代表性的加强权威解读，最终在居民群众的帮助下，使得建设方案得到了进一步完善，在全过程人民民主中，在共商共议、共建共享中实现苏州河两湾岸线的顺利贯通开放，既增加了人民城市建设的公信力，也增强了复杂公共治理难题的执行力。

三、全过程人民民主的生命力在于真实性

实现科学决策不仅关注方案选择，还要关注方案选择中对民意的回应。与此同时，如何推进科学方案落地，也需要民主的全过程力量，以民主的真实性保障决策的科学性和公信力。以人民代表大会制度为载体，充分实现全过程人民民主嵌入各领域、各方面的真实性是中国特色社会主义道路的应有之义。

一是民主促进民众参与。全过程人民民主使得民众能够在政策制定、执行和监督的各个阶段发挥作用，从而使政策更加贴近民众的需求和期望。这种参与性有助于提高政策的真实性，确保政策的制定和执行能够真实反映民众意愿。

二是民主提高决策质量。全过程人民民主鼓励民众、专家和社会组织等多元主体参与政策制定过程，有助于汇集更多的信息和观点，促进

政策的科学性和有效性。这样的决策过程有助于提高政策的真实性，确保政策能够真实解决实际问题。

三是民主增强政策公信力：全过程人民民主有助于提高政策的透明度和公开性，让民众了解政策制定的过程和原因。这种透明度有助于增强政策的公信力，使民众更加信任政府的决策，从而提高政策的真实性。

第四节　人民民意回应性

人民民意回应性是政府在其政策和决策中对公众的需求、意愿和期望的反应程度，是评估民主状况的核心维度。民主的本质在于代表和反映人民的意愿，民意回应性是否充分是决定国家民主质量的重要方面。

一、西方民主的“不兑现政治”

西方民主依赖选票，把选民作为数字，而忽视了背后真实的民意，其本质是一种“不兑现政治”。究其原因有如下方面：

首先，单一的代议制度设计使得真实的民主缺位。民主从古希腊走来一直被认为是“人民的统治”，但西方思想家大多认为现实的政治中，人民的直接统治是不可能实现的，实现人民统治的最好方式是人民选举代表进行统治，也就是代议制。① 当人们沉浸于代议制的伟大制度创造的同时，代议制也就成为了西方民主的全部，由此民主关注作为总体的

① ［英］洛克：《政府论（下篇）》，叶启芳等译，商务印书馆 1964 年版，第 89 页。

人民利益就成为了空谈。代议制可能导致代表与选民之间的距离较大，使得代表在政治决策过程中未能充分考虑选民的需求和意见，如果不能形成更多的民意汇集渠道，就难以实现对民意的回应。

其次，党派政治至上，民主沦为党争。多党制是西方民主的一个重要特点。政党在争取政治利益和权力时，可能更关注党派利益而非民意。西方广泛存在的精英民主观甚至认为无论在教育水平还是在社会经验上，大众组织成员都要逊色于他们的领袖，因此不具备进行统治的能力。① 这可能导致政策制定过程中对民意的忽视。

第三，选举周期困境及利益集团邻里。西方民主制度下，政治家需要定期参加选举。在选举周期内，政治家可能更关注短期政绩和选民支持，而忽视长期民意和社会利益。在西方民主制度下，经济利益集团对政治决策具有一定影响力。这些集团可能通过捐款、游说等手段影响政治家，使政策制定过程更关注特定利益群体的需求，而忽视广泛民意。诸多西方思想家认为利益集团的存在是不可避免的，而且在一定的程度上，利益集团之间的讨价还价、相互制衡，是保护民主的一个重要的条件。②

第四，政治行政二分导师官僚体制缺乏回应意愿。西方民主制度中的官僚体制可能导致政策制定过程的低效和繁琐。官僚机构在政策制定

① ［德］罗伯特·米歇尔斯：《寡头统治铁律——现代民主制度中的政党社会学》，任军锋等译，天津人民出版社 2003 年版。

② ［美］罗伯特·达尔：《多元主义民主的困境》，周军华等译，吉林人民出版社 2011 年版，第 27 页。

过程中可能关注自身利益和权力，从而忽视民意。

二、我国全过程人民民主实践中的民意回应

全过程人民民主是理念、更是实践。我国宪法规定："中华人民共和国的一切权力属于人民。人民行使国家权力的机关是全国人民代表大会和地方各级人民代表大会。"人民代表大会制度及其相关制度成为汇聚民意的重要制度载体。近年来，我国在推进全过程人民民主实践中，不断增强对民意的回应性，主要表现如下：

第一，建立常态化的代表委员与人民联系机制。我国各地人大代表和政协委员作为民意代表，积极收集、反映和传达民意。通过定期与选民见面，了解民情民意，同时参与制定地方性法规和政策，以保障民众利益。近年来，上海进一步加强人大代表与原选区选民（原选举单位）和人民群众的联系，使人大代表深入了解社情、广泛倾听民意，及时反映人民群众呼声和建议，尽心尽责履职为民。这一系列真实举措，汇集更多真实的民意，使人民民主的人民主体地位得到持续提升。

第二，积极持续开展民主意见征求。人民建议征集制度是我国实现人民当家作主的重要方式之一。人民建议的征集重点是人民群众、社会各界对我国经济、政治、社会、文化、生态各方面发展的建设性建议，征集内容涉及广泛，包括党建引领、疫情防控、数字化治理、营商环境、民生关切、社会治理、交通出行、城乡建设、文体教育、卫生健康、生态市容等方方面面。近年来，上海市人民建议征集工作积极开展。2020 年上海提出人民城市建设"五个人人"的努力方向，上海市

人民建议征集办公室正式挂牌成立。2021 年《上海市人民建议征集若干规定》实施。上海市人民建议征集办公室自成立以来，推动建议征集机制不断完善，从“提问题”到“提建议”，越来越多的群众对城市发展建言献策。人民建议征集工作有助于更好地满足群众的需求、更有效地实现高水平城市治理。

第三，推进网络化民意收集。各地政府利用互联网平台，搭建网络问政、政务服务、投诉举报等功能，方便民众反映问题和诉求。政府部门会对收到的民意进行分析、研判，以便及时采取措施解决问题。上海市积极探索“互联网＋人民建议征集”，激发群众参政议政热情，主动征民意、广泛听民声。上海在网上信访大厅设立“人民建议征集信箱”，方便群众随时随地提出意见建议。群众通过“市委领导信箱”“市长之窗”“投诉受理信箱”等平台，以及以书信、走访等形式反映的意见建议，全部转入“人民建议征集信箱”，由专人统一办理，提高了受理办理效率。

第四，持续提升信息公开和透明。各地政府通过政务公开、政策解读等途径，让民众了解政府工作和政策。同时，政府部门及时回应社会关切，解答民众疑问，提高政策的公信力和执行力。近年来，上海市形成并完善了《上海市政府信息公开规定》，不断推进《关于全面推进政务公开工作的实施意见》出台，从而实现财政预决算、重大建设项目批准和实施、公共资源配置、社会公益事业建设等四大重点领域公开制度支撑，真正实现公开透明。

三、全过程人民民主中民意回应性的重要价值

民意是民主的基础，民主政治的核心是人民主权，政府和政策应该反映民众的意愿和利益。西方学者阿尔蒙德等在《比较政治学：体系、过程和政策》一书中曾指出："当某个集团或个人提出一项政治要求时，政治过程就开始了。"① 当代的中国政府过程也是从群众利益诉求出发开始的。"党的根基在人民、血脉在人民、力量在人民"，全过程人民民主是党执政为民理念在新时代的生动实践。主要表现如下：

首先，回应民意有助于提高国家治理水平。民众是政策实施的主体，他们对政策的需求和影响有直接的了解。回应民意有助于政府制定更符合实际需求、更具有针对性和有效性的政策。其次，回应民意有助于提高政治信任感。增强政策公信力：党和政府积极回应民意，表明其关注民众需求、尊重民众意愿。这将提高政府形象，增强政策公信力，有利于政策的顺利实施。最后，回应民意能够促进社会和谐稳定。回应民意有助于化解社会矛盾，减少不满情绪，维护社会和谐稳定。民意反映了社会现实，关注民意有助于及时发现和解决问题。

第五节 制度执行有效性

民主的制度执行有效性是一个国家或地区的政府和公共机构在执行

① ［美］加布里埃尔·A. 阿尔蒙德：《比较政治学：体系、过程和政策》，曹沛霖等译，上海译文出版社 1997 年版，第 199 页。

其职责和实施政策时贯彻民主的能力和效率。这个维度对于民主的健康和稳定至关重要。民主管不管用，归根结底要依靠制度执行有效性来比较各个国家的民主。

一、西方民主的制度执行无力感

马克思在《路易·波拿巴的雾月十八日》指出："1848年各种自由的必然总汇，人身、新闻出版、言论、结社、集会、教育和宗教等自由，都穿上宪法制服而成为不可侵犯的了。"① 这深刻地批判了西方民主自由的虚假性，即无法执行与落实的民主是一种假民主。

首先，西方民主体系缺乏明确的执行主体。西方民主只重视以议案或者法案的形式通过决议，但是缺乏执行决策的行为主体。由于三权分立的错误思想，以及中央地方的分权关系，立法决议不能真正转换为行政决策，有一些立法决议最后成为民主的空头支票。

其次，西方体制下决策者和执行者因为利益、理念不同会导致决策执行困难。西方政体注重民主表决忽视民主协商，因此决策者与执行者理念不同、利益不符就会导致政策不执行的出现，从而导致决策无法落实到位。

最后，西方民主决策做出之后，缺乏必要的监督和跟踪。西方的民主对行政的监督不是持续的，也不是常态化的，缺乏对决策执行过程进行监督和验收的机构，这很可能会导致决策的执行出现偏差走样。

---

① 中共中央马克思恩格斯列宁斯大林著作编译局:《马克思恩格斯文集》第2卷，人民出版社2009年版，第483页。

二、我国全过程人民民主实践中的制度执行力

近年来，上海全面践行全过程人民民主，以各种制度机制创新保障人民参与国家和社会事务之中，实现民主决策、民主管理、民主监督的制度安排落地生根。具体包括如下方面：

第一，依靠人大制度实现全过程人民民主。以上海为例，上海市人大常委会先后制定《关于充分发挥人大在推进全过程民主探索实践中的作用的意见》《人民建议征集若干规定》，推动人大各项工作反映人民意志，更好汇集人民群众参与城市治理的智慧和力量；相继举办多场“地方立法践行全过程人民民主宣介活动”，开展在校学生、涉外人士等“走进人大”活动，生动呈现中国民主故事。

第二，依托政协制度实现全过程人民民主。上海全市各街镇统一打造“协商于民”委员工作站，推动在沪全国政协委员、市政协委员、各区政协委员协同参与基层社会治理，深入贯彻全过程人民民主重大理念，坚持“人民政协为人民”根本宗旨、更好发挥委员主体作用和专门协商机构治理效能、精准助力上海走出一条符合超大城市特点和规律的社会治理新路子的重大举措。

第三，通过基层民主制度实现全过程人民民主。上海市以加强基层民主建设为抓手，进一步引导居民广泛参与基层治理，实现自治、共治、法治、德治的有机融合，推动多方力量有机联动，建设社区治理共同体，有效地吸纳居民直接参与社区公共事务，创造性运用“三会”制度，实现民主管理、民主协商、民主决策、民主监督，使广大居民拥有

更多、更畅通的意见表达渠道，进一步激发了广大居民的民主意识。

除此之外，我国各地还鼓励和支持社会组织的发展，通过行业协会、民间组织、志愿服务团队等形式，参与社会治理，提供公共服务，为百姓提供更多渠道参与政治生活。

三、全过程人民民主的生命力在于制度有效性

马克思主义认为，民主首先是一种国家制度。从民主制度的角度看，这些制度又可以概括为以人民群众广泛参与并行使当家作主权力为核心的党内民主制度、人大民主制度、政府过程民主制度和协商民主制度。① 这些制度设计在实践中又具体体现为一系列民主形式，它们共同构成全过程人民民主的回应、参与、协商、监督等运行机制。提升制度有效性就是提升全过程人民民主的真实性。全过程人民民主注重制度效能，是彰显中国式民主的重要方面，具体如下：

首先，依靠民主制度有效性，保障社会公平公正。制度效能有助于确保民主决策过程的顺利进行。民主政治需要公民参与、言论自由和多元化的意见，而高效的制度能够确保这些原则得到贯彻执行，有助于维护社会公平与公正，让每个人都有平等的机会参与社会事务。

其次，依靠民主制度有效性，提高政府效率。民主政治通过制度效能，提高政府的行政效率。并且能够为经济发展创造有利条件，充分保障产权、合同和市场秩序，最终提高国家在国际社会的声誉。

① 刘军、李洋：《“全过程”的人民民主：中国式民主的制度设计与建设实践》，《科学社会主义》2021 年第 1 期。

最后，依靠民主制度有效性，增强政治稳定。制度效能有助于消除社会不满和冲突，确保政府在面对挑战时能够做出及时、合理的反应。民主制度越是有效，越是得到信任，各类不满和群体性事件越会减少，这将成为国家繁荣和发展的基础。

第六节　流程过程监督性

流程过程监督性聚焦于各国在透明性和问责性方面的表现，是对现代政治过程的一种全方位的民主校正。在这个信息时代，民主的流程过程监督性角色比以往任何时候都更为关键。

一、西方民主的“监督空洞”

权力源于人民，权力也必须对人民负责。只有让人民成为权力监督和制约的主体，才是现代民主的真义。正如毛泽东主席所告诫的：“只有让人民来监督政府，政府才不敢松懈。只有人人起来负责，才不会人亡政息。”① 从世界范围来看，越是对权力监督和制约不足，腐败的可能性就越大。西方民主历程中，主打选举民主的标签，但在监督方面却表现出突出难题，主要表现如下：

第一，政治极化以对抗代替监督。在许多西方民主国家，政治极化现象日益严重。这导致政治力量在关注对方的错误和短板上花费过多精力，而忽略了对自身的监督和改进。政治极化使得民主监督变得困难，

① 中共中央文献研究室：《毛泽东年谱（1893—1949）》（中册），中央文献出版社2013年版，第611页。

甚至可能导致政治僵局。

第二，媒体报道以偏见代替真实。媒体在民主监督中扮演着重要角色，但许多西方国家的媒体存在明显的政治倾向。这使得媒体报道往往受到意识形态影响，导致公众难以获得客观、全面的信息，从而影响民主监督的有效性。

第三，社会规则的资本主导。在西方民主体制中，政治资金对选举和政治活动具有重要影响。有时，大量资金流入政治领域可能导致政治家受制于资助者的利益，从而只对钱负责，削弱民主监督的力量。

第四，官僚体制的“民主隔绝”。西方民主国家的政府机构往往庞大而复杂，这可能导致官僚体制的低效和腐败。在这种情况下，民主监督面临着巨大的挑战，需要付出更多努力来确保政府的公共责任和透明度，而官僚体制本身有着“政治—行政”二分的天然区隔，大量的繁文缛节都无法通过民主监督等得到持续的改善。

二、我国全过程人民民主实践中的全程监督

近年来，我国各地在深度践行全过程人民民主的进程中，不断提升民主监督的效能，民主监督的广泛性、真实性不断提升，并形成了一些监督实践创新和亮点：

第一，加强基层民主监督。基层民主是民主监督的基础。各地持续通过选举产生居民委员会、村民委员会等基层组织，让居民参与社区事务的决策、管理和监督。此外，各地还通过定期召开居民议事会、座谈会等形式，让居民对社区发展和公共事务提出意见和建议。为持续深化

全过程人民民主建设，加强居民区民主管理和监督，上海市长宁区民政局制定了《关于深化全过程人民民主，进一步加强居民区民主监督工作的实施办法（试行）》开展工作创新，完善居务监督委员会建设。

第二，持续发挥人大制度监督作用。全国各级人大坚持听取和审议专项工作报告、检查法律法规实施情况、审查和批准决算、开展专题调研、开展专题询问、加强规范性文件备案审查等常态化监督把监督工作落到实处。

第三，民主党派监督效果凸显。在2015年召开的中央统战工作会议上，习近平同志指出："要从制度上保障和完善民主监督，探索开展民主监督的有效形式。"中共十八届六中全会通过的《中国共产党党内监督条例》明确规定，各级党组织应当支持民主党派履行监督职能，重视民主党派和无党派人士提出的意见、批评、建议，完善知情、沟通、反馈、落实等机制。近年来，按照中央的部署和要求，全国各地积极支持各民主党派履行民主监督职能，通过聘请党外人士担任特约人员、参加党风廉政建设专项检查等，开展民主监督。

第四，司法领域监督。司法监督是民主的重要创新之处，我国通过人民监督员制度积极保障人民群众诉讼知情权、参与权、表达权。近年来，全国各地检察机关为协调各方利益，逐步将人民群众引入参与检察工作中，完善机制建设、拓展参与渠道，从而提升工作科学化水平。

三、全过程人民民主中流程监督性的重要价值

人民当家作主的重要条件就是权力能够得到有效制约和监督。我国

在人民当家作主的制度设计中，不断自我反思、累积创造，逐步建立起了闭环的民主监督形式。未来在全过程人民民主实践中要不断加强全流程的监督能力，把民主监督作为评价全过程人民民主真实性的重要环节。

第一，依靠民主监督提高政府效率。要通过全过程监督促使政府在决策和执行过程中更加谨慎、高效。有效的监督机制可以发现政府工作中的不足和问题，从而推动政府改进工作，提高效率。

第二，依靠民主监督防止滥用权力。全过程监督有助于防止政府和官员滥用权力、贪污腐败。通过公开透明的监督机制，可以让政府和官员在行使权力时受到约束，确保权力运行在阳光下。

第三，依靠民主监督促进稳定与公平。民众可以通过监督参与政治过程，对政府和官员的行为进行评价，从而提高民众对政治制度的认同感和满意度，增强政治稳定。全过程监督有助于揭示政策执行过程中可能存在的不公平现象，推动政府采取措施解决这些问题。从而确保资源分配更加公平，促进社会公平正义。

第四，依靠民主监督保护公民权利：全过程监督可以保护公民的权利和利益。民众可以通过监督机制对政府和官员的决策和行为提出质疑，维护自己的权益，这对于民主制度的健康发展和社会稳定具有重要意义。

第六章

全过程人民民主的效能评估指标及发展指数设计

全过程人民民主是中国式民主的最新提炼和高度概括。对于“全过程人民民主”这个新论断、新概念、新理论，一方面需要在国家治理实践中进一步总结经验、提炼模式，丰富全过程人民民主的内涵和外延；另一方面，也需要构建科学的评估体系，对全过程人民民主的治理效能进行评估，指导中国式民主进一步走稳、走实。本章内容聚焦于全过程人民民主效能评估指标体系和发展指数的设计，服务于三个目标：第一，通过指标体系的设计，发挥全过程人民民主对基层民主治理实践的指导作用，确保基层治理践行全过程人民民主有一个科学化、规范化和标准化的实践指引；第二，通过发展指数的测评，科学、客观地评估基层民主实践的现实样态，为基层践行全过程人民民主提供自我对照和比学赶超的依据，也为党委政府决策部门优化基层民主治理实践提供支持；第三，全过程人民民主是中国式民主实践最新的理论创新成果，指标体系和指数测评构建了一套标准化的模板，有益于将基层分散化的实践创新整合形成系统化的实践方案。

第一节　全过程人民民主的效能测度

习近平总书记在党的二十大报告中强调："要健全人民当家作主制度体系，扩大人民有序政治参与，保证人民依法实行民主选举、民主协商、民主决策、民主管理、民主监督，发挥人民群众积极性、主动性、创造性，巩固和发展生动活泼、安定团结的政治局面。"全过程人民民主的实践与国家治理的过程具有高度同构性，全过程人民民主的实践是治理的实践，治理的实践同时也彰显出全过程人民民主的要素。因而，民主、治理和效能理念一致、价值同构，全过程人民民主是中国式现代化的本质要求，是国家治理体系和治理能力现代化的重要支撑和驱动力。党发展全过程人民民主具有巩固执政合法性、凝聚"最大公约数"、降低执政成本、巩固执政基础、建立持久政治信任等方面的政治效能。① 因此，全过程人民民主的实践也是国家治理的实践，民主实践与治理效能是一对彼此支撑的范畴，不能脱离民主讲治理，也不能忽视治理谈民主。

那么，实践中辨别全过程人民民主的治理效能则是中国式民主实践的重要内容，这不仅可以使全过程人民民主的实践过程不走偏、不脱轨，也使得国家治理过程中民主实践的内容能够为中国式现代化提供科学、客观的指数支撑。而如何辨识全过程人民民主在中国特色社会主义

① 张利涛、方雷：《中国共产党发展全过程人民民主的政治效能》，《科学社会主义》2023 年第 2 期。

民主实践中的效能，则迫切需要构建科学、客观、规范化的全过程人民民主的测量体系。指标体系和发展指数能有效提升测度评价的科学性和认可度，也是全过程人民民主实践的一把“标尺”①。

事实上，学界和政策界知名度较高的民主测量指数，如亚洲晴雨表等，无一例外是在西方国家及民主理论框架下推行的项目。学界相关研究一方面对西方自由民主理论的精英主义趋向提出了批评，将民主测量视为政治选举的安排，将人民当家作主异化成“选票民主”，并引发“选票至上”等民主选举乱象。另一方面，对西方中心主义主导的世界民主调查提出批评。西方主导的民主测量指数不可避免地从西方民主理论为基点来分析其他国家和地区的民主发展情况，因而在各项排名指数上欧美等国家的指数常常位列前茅，一些发展中国家由于国家制度不健全和文化类型差异等原因，在指数排名往往较低。而西方国家又将世界民主指数作为外交政策推动的先决条件，强制他国遵守西方民主标准，无形中对他国内政形成干涉，妨害“和合与共”的国际秩序实现。

鉴于当下民主测量领域西方主导的客观现实，虽然其测量的方法、技术可为撰写团队提供一些启示，但在测量维度和指标设计上，作者试图跳出“西方中心论”的窠臼，基于中国本土的民主实践，构建民主测量的自主知识体系，形成基于我国民主理论和实践为依托的民主测量体系。这一体系和框架的构建具有双重意义，一是可以更加科学直观地测

① 王正、邹之昕：《创造学习的思路》，《中国社会科学报》2023 年 6 月 9 日。

量我国全过程人民民主的发展动态；二是通过中国民主指标的构建与指数发布，为国际民主测量界提供跳脱“西方民主”框架、认识中国式民主发展水平的渠道。

作者认为，民主选举、民主协商、民主决策、民主管理和民主监督五项内容，构成了全过程人民民主的过程维度和必要环节，彼此之间具有逻辑关联，代表和反映出我国民主实践的工作框架和具体内容。民主选举是全过程人民民主的起点和基础；民主协商是具体公共事务中践行全过程人民民主的主要形式；民主决策是全过程人民民主的落脚点和目标；民主管理是全过程人民民主有效实施的必要环节；民主监督是全过程人民民主的过程保障，进而，形成“五位一体”全过程人民民主的实践体系。鉴于此，拟从民主选举、民主协商、民主决策、民主管理和民主监督五个维度对全过程人民民主的效能进行测度，旨在从实践的维度产生全过程人民民主指标体系与发展指数。

第二节　全过程人民民主指标构建的基本原则

在国家治理现代化的体系中，全过程人民民主的创新实践内容十分丰富，分布于国家治理体系的多层次、多维度。全过程人民民主实践方兴未艾，仍然处于不断发展和完善的过程中，创新理念和新生事物不断涌现。因此，全过程人民民主具有内容庞杂，复杂性和变动性程度较高等特点，这决定了全过程人民民主指标构建和评估的工作难度。为了保证评价指标体系构建的科学合理性、可操作性以及对推动创新发展的现实指导性，在指标构建过程中，遵循以下一系列指导原则：

一、主题性原则

全过程人民民主的指标体系必须紧密围绕民主主题，挖掘和甄选分布在各个领域具有民主价值和包含民主元素的治理实践。指标体系应该聚焦全过程人民民主这一评估主题，有效衡量全过程人民民主的发展水平。以此，本课题设计的指标体系具有明确的民主主题指向，有别于一般性国家治理评估。

二、整体性原则

全过程人民民主的案例众多，分布广泛，但是其创新发展并不是随机发生和零星分布的，具有内在的逻辑体系和工作框架。理解全过程人民民主的体系框架，最科学和最稳妥的路径就是参照我国对于全过程人民民主架构的权威界定，即民主选举、民主协商、民主决策、民主管理、民主监督五大领域。“五大民主”不仅符合国家治理的全流程格局，同时也比较契合我国党政部门的职能分界，有利于指标数据的搜集。用“五大民主”作为指标构成维度，搭建其全过程民主评估的体系框架，能够满足评估工作的体系化以及评估推进的可行性要求。

三、效能性原则

全过程人民民主具有极强的实质性特征。因此，指标采取点不拘泥于是否冠以民主字眼，也不局限于某个党政职能部门的工作范围，凡是具有民主意涵和民主治理效果的工作点，都属于指标体系的考核对象。在指标考核过程中，将遵循效能性原则，不仅考核是否有制度建设和规则制定，更注重考核制度运行的实际效果及其产生的治理效能。重实质、重运行、重效能，将成为指标建构和评估的重要特征。

四、可操作性原则

可操作性程度在很大程度上决定了本次评估能否有效推进。由于“五大民主”的涉及面广，内容庞杂，如何选择指标采集点显得尤为重要。为了遵循可操作性原则，指标点确立在考虑指标重要性、代表性和典型性特征的同时，充分考虑指标数据的可量化性和数据搜集的可及性情况。在此原则的指导下，作者充分运用已有数据资料库，尽量采取客观性评估指标，提高指标评估的说服力和可行度。

五、可比较性原则

指标评估的重要目的之一，就是进行不同单位的横向比较，并在比较分析的基础上，进行全过程人民民主各个维度的长短板分析和动态变化考察，以诊断关键性的发展瓶颈。在全过程人民民主的横向比较中，以城市内区级单位或者城市为比较单元的可行性较高。因此在指标观察点的选取中，尽量选取具有较高共性水平，标准化程度比较高的观察指标。侧重创新实践的规定动作和标准案例，避免采取特殊性强和高度个性化的创新案例。

第三节　全过程人民民主发展指数的指标体系构建

全过程人民民主发展指数的指标体系包括 1 个一级指标即全过程人民民主指数，5 个二级指标即民主选举、民主协商、民主决策、民主管理和民主监督[①]，以及25个三级指标。在三级指标中，共有客观指标有26个。5个二级指标作为5个评价维度，构成了指标体系基本框架的5大支柱。

一、民主选举

民主选举是中国民主的一种重要形式，是人民实现当家作主的重要体现，也是通过投票行使民主权利的重要渠道。中国政治选举是具有广泛性特征，有直接选举、间接选举、等额选举和差额选举等多种形式。

拟采用1.1村居委员会直接选举；1.2业委会选举；1.3市区、乡镇两级人大选举；1.4全国党代表选举；1.5工青妇选举，作为“民主选举”的重点领域和主要关注点。

二、民主协商

在通过选举、投票行使权利的同时，民主协商是人民群众在重大决策前和决策过程中进行充分协商，尽可能就共同性问题取得一致意见。协商民主在国家治理的不同维度、层面和领域广泛践行民主协商的重要原则，当前民主协商形式广泛多样，体系不断健全。

拟采用2.1基层“听证会、评议会、议事会”制度运作情况；2.2政协专题协商会议；2.3政协委员进社区片区；2.4政协提案重点督办，作为“民主协商”的重点领域和主要关注点。

① 《中国的民主（白皮书）》，中华人民共和国国务院新闻办公室网站，http://www.scio.gov.cn/ztk/dtzt/44689/47513/index.htm，2021年12月4日。

三、民主决策

民主决策是全过程人民民主的重要一环。在中国的治理实践中，体察民情、群策群力已经成为国家与社会合力治理的常态，越来越多的基层意见直达各级决策层，转化为党和政府的重大决策，已经构成中国民主实践的重要内容。

拟采用3.1基层立法征集点；3.2人民建议征集点；3.3民生项目票决；3.4重大项目的听证会；3.5重大项目社会风险评估中的公众参与；3.6网络征集民意，作为“民主决策”的重点领域和主要关注点。

四、民主管理

民主管理就是发挥人民在国家公共事务中的主体性地位。中国人民可依法行使宪法赋予的各项权利并承担相应地责任和义务。民主管理包括：城乡社区民主管理；企事业单位民主管理；社会组织民主管理。

拟采用4.1村规民约普及情况；4.2村（居）务公开制度；4.3各委办局干部任免和重大事项的公示制度；4.4人大代表进社区的制度；4.5企事业单位的职工代表大会；4.6社会组织的监事制度，作为“民主管理”的重点领域和主要关注点。

五、民主监督

民主监督是制约权力规范化运作，防止以权谋私、权力滥用等问题的民主实践形式，目前中国已经结合本国国情构建了科学有效、有机贯通的监督体系。包括：人大监督；民主监督；行政监督；监察监督；司法监督；审计监督；财会监督；统计监督；群众监督；舆论监督。

拟采用 5.1 社区监督委员会制度；5.2 行风监督员制度；5.3 人民信访工作；5.4 特约监察员制度；5.5 政务服务热线，作为“民主监督”的重点领域和主要关注点。

第四节　全过程人民民主发展指数的指标设计与测评方法

一、全过程人民民主发展指数的指标设计

建立全过程人民民主评价指标体系是一项极富挑战性的工作。表 6-1 为“全过程人民民主评价指标体系”，目前评价指标体系是经过实证性研究后的一种尝试，还需要在实际测评中加以检验和修正，同时也期待来自专家学者和社会各界的批评和建议。

表 6-1　全过程人民民主评价指标体系

序号	治理目标（评估维度）	重点领域或主要关注点	主要指标	数据来源
1	民主选举	1.1　村居委员会直接选举	参选率	人大
		1.2　业委会选举	参选率	人大
		1.3　市区、乡镇两级人大选举	参选率	人大
		1.4　全国党代表选举	参选率	人大
		1.5　工青妇选举	参选率	人大
2	民主协商	2.1　基层“听证会、评议会、议事会”制度运作情况	“三会”制度的普及率	民政
		2.2　政协专题协商会议	协商专题会议的频率（季度）	政协
		2.3　政协委员进社区片区	政协进社区的平台站点普及率	政协
		2.4　政协提案重点督办	重点提案督办调研座谈会频率	政协

续表

序号	治理目标（评估维度）	重点领域或主要关注点	主要指标	数据来源
3	民主决策	3.1　基层立法征集点	基层立法征集点覆盖率	人大
		3.2　人民建议征集点	人民建议征集点覆盖率	信访
		3.3　民生项目票决	民生项目票决制度实施的普及率	人大
		3.4　重大项目的听证会	制度实施的覆盖率	相关职能部门
		3.5　重大项目社会风险评估中的公众参与	公众参与的普及率	相关职能部门
		3.6　网络征集民意	政府留言板满意率	大数据中心
4	民主管理	4.1　村规民约普及情况	制度实施的普及率	民政
		4.2　村（居）务公开制度	制度实施的普及率	民政
		4.3　各委办局干部任免和重大事项的公示制度	制度实施的普及率	组织部
		4.4　人大代表进社区的制度	人大代表服务群众工作站点的覆盖率	人大
		4.5　企事业单位的职工代表大会	参会率	总工会
		4.6　社会组织的监事制度	制度实施的普及率	社团局
5	民主监督	5.1　社区监督委员会制度	社区监委会监督社区两委会的工作频率	民政
		5.2　行风监督员制度	行风监督员制度的普及率	相关职能部门
		5.3　人民信访工作	信访案件按期办结率	信访部门
		5.4　特约监察员制度	特约监察员的监督频次	纪委监察委
		5.5　政务服务热线	12345热线服务的公众满意度	大数据中心

二、全过程人民民主发展指数的测评方法

全过程人民民主发展指数是从民主选举、民主协商、民主决策、民主管理和民主监督5个维度测量的综合性指数。在指标设计上，5个维度构成一级指标，每个分指数构成二级指标。这一测评方法主要借鉴了联合国人类发展指数（HDI）的测量方法，基本的思路是根据每个评价指标的上、下限阈值来计算单个指标指数（即无量纲化），指数的分布范围处于0和100之间，再根据每个指标的权重最终合成全过程人民民主发展指数，形成每项一级指标的得分和总得分。

此方法测算的特点在于，首先，可通过指数的横向比对，了解同一指标的历史不同阶段的波动状态；其次，通过指数的纵向比对，分析不同主体、单位在指数间得分的差异；再次，通过比较各参评单位全过程人民民主发展评估的相对位次，可以清晰分辨出相应单位在全过程人民民主发展指数中的位次与得分。最后，形成的综合性指标可以为相关单位改进民主实践工作提供科学依据和实践指南。

（一）指标上、下限阈值的确定

在计算单个指标指数时，首先必须对每个指标进行无量纲化处理，而进行无量纲化处理的关键是确定各指标的上、下限阈值。指标的上、下限阈值主要是参考所有参评单位在基期年份（这里暂定为2022年）相应指标最大值和最小值。将第 i 个指标的实际值记为 X_i，权重为，下限阈值和上限阈值分别为 $X^i_{\min}$ 和 $X^i_{\max}$，无量纲化后的值为 Z_i。

（二）指标无量纲化

无量纲化，也叫数据的标准化，是通过数学变换来消除原始变量（指标）量纲影响的方法。正指标无量纲化计算公式为：

$$Z_i=\frac{X_i-X^i_{\min}}{X^i_{\max}-X^i_{\min}} \text{ 或 } Z_i=\frac{\ln(X_i)-\ln(X^i_{\min})}{\ln(X^i_{\max})-\ln(X^i_{\min})}$$

逆指标无量纲化计算公式为：

$$Z_i=\frac{X^i_{\max}-X_i}{X^i_{\max}-X^i_{\min}} \text{ 或 } Z_i=\frac{\ln(X^i_{\max})-\ln(X_i)}{\ln(X^i_{\max})-\ln(X^i_{\min})}$$

（三）分类指数和总指数的合成

1. 分类指数的合成方法

本体系由民主选举、民主协商、民主决策、民主管理和民主监督 5 个分类组成，将某一类的所有指标无量纲化后的数值与其权重按以下公式计算就得到分类指数。

$$I_i=\frac{\sum Z_jW_j}{\sum W_j}$$

2. 全过程人民民主发展指数的合成方法

将全过程人民民主评价指标体系中的所有指标无量纲化后的数值与其权重按以下公式计算就得到全过程人民民主指数。

$$I=\frac{\sum Z_iW_i}{\sum W_i}$$

第五节 全过程人民民主发展指数的指标体系及简要解释

一、民主选举的测量

本部分测量拟采用客观指标测量法。计划从 1.1 村居委员会直接选举；1.2 业委会选举；1.3 市区、乡镇两级人大选举；1.4 全国党代表选举；1.5 工、青、妇选举等观察点上，拟用“参选率”指标表征民主选举的测量。参选率越高表征民主选举指标得分越高，反之，越低。

$$参选率=\frac{参与投票的选民人数}{选民总人数}\times 100\%$$

二、民主协商的测量

（一）“三会”制度的普及率

基层“听证会、评议会、议事会”制度是基层民主实践的重要制度，它反映了基层全面落实，民主协商的规范性、参与性和制度建设的完善性。1998 年，五里桥街道作为上海市居民区组织改制工作试点街道，积极探索居民委员会工作机制和运作方式，加强基层民主和居委会组织建设，在居民区层面逐步建立起“三会”制度——决策听证会、矛盾协调会和政务评议会（后简称为听证会、协调会、评议会），成为推进基层民主建设最早的有效成果。

拟从“三会”制度的普及率测量。“三会”制度的普及率是指“一个地区开展三会制度的社区占社区总数量的比率”。计算公式如下：

$$“三会”制度的普及率=\frac{开展三会制度的社区数量}{社区总数}\times 100\%$$

（二）协商专题会议的频率

专题协商会是政协全国委员会组织政协常委、委员围绕国家的大政方针，就经济、政治、文化、社会、生态文明和党的建设中的某项专门问题进行协商讨论、议政建言的会议形式，是开展政协专题协商的主要载体，是发挥政协作为协商民主重要渠道和专门协商机构作用、协助党和政府科学民主决策的重要平台。拟用“每季度协商专题会议的频率”测量民主协商相关制度的实际执行情况。

（三）政协进社区平台站点的普及率

政协进社区是基层协商民主建设的重要形式，有助于发挥政协委员对基层治理的赋能作用。人民政协具有联系群众的广泛性，可以了解到更多民情民意，为百姓排忧解难。社区是最基层、最靠近百姓生活的社会细胞。“政协委员进社区”正是政协工作向基层延伸的重要平台。这一指标反映了民主协商的渠道创新、制度创新。拟从“政协进社区平台站点的普及率”测量这一民主协商制度的效能，它反映了政协进社区制度的实际执行情况。计算公式如下：

$$政协进社区平台站点的普及率=\frac{设置有政协委员工作站的社区数量}{社区总数}\times 100\%$$

（四）重点提案督办座谈会频率

市政协领导督办重点提案工作制度化、规范化、程序化，是充分发挥提案在履行政协职能中的重要作用的重要路径，重点提案的督办工作以加强领导、增进沟通、注重质量、讲求实效为原则，实行多层次督办，旨在增强重点提案办理效果。拟从“重点提案督办座谈会的频率”测量这一民主协商制度的效能，它反映了重点提案督办制度是实际执行情况。

三、民主决策的测量

（一）基层立法征集点的覆盖率

基层立法联系点，是指市司法局根据立法工作需要，依照一定程序设立，参与我市地方立法及立法相关工作的基层单位或者组织，是基层单位、群众直接参与本市立法活动的重要载体，也是直接了解基层意见，使立法更接地气、符合客观实际、反映人民意志、维护人民权益的重要途径。

用“基层立法征集点的覆盖率”来测量民主决策的效能，它反映了民主决策渠道的现实基础。计算公式如下：

$$\text{立法征集点的覆盖率}=\frac{\text{设置有立法征集点的社区数量}}{\text{社区总数}}\times 100\%$$

（二）人民建议征集点的覆盖率

人民建议征集工作是密切党和政府同人民群众联系的桥梁纽带，是反映民意、集中民智的重要途径，是人民群众参与政府决策重要渠道，是贯彻“全过程人民民主”的重要举措。

采用“人民建议征集点的覆盖率”来测量民主决策的效能，它反映了民主决策渠道的现实基础。计算公式如下：

$$人民建议征集点的覆盖率=\frac{设置有人民建议征集点的社区数量}{社区总数}\times 100\%$$

（三）民生项目人大代表票决制度实施的普及率

民生实事项目人大代表票决制，是指政府在民生实事候选项目的评选过程中，以投票表决方式选择决定正式项目，交由政府组织实施，并接受人大代表和人民群众监督的制度。大大代表票决制是民主监督的重要内容。用“民生项目人大代表票决制度实施的普及率”来测量民主决策的效能，它反映了民主决策相关制度的实际执行情况。

（四）重大项目听证会制度的普及率

重大项目听证会制度，是指对拟实施的城市重大建设项目，由政府或政府委托项目审批部门在项目审批立项前，组织社会各有关方面，从项目建设的必要性、可行性、公共安全、社会效益等方面进行论证，提出建设意见。这一制度是拓宽公众参与政府决策的重要渠道，是人民群众加强对权力运行的社会监督和约束，提升政府公信力，树立政府公开、公平、清廉的诚信形象的重要途径。用“重大项目听证会制度的普及率”来测量民主决策的效能，它反映了民主决策相关制度的实际执行情况。

（五）重大项目社会风险评估中的公众参与率

重大建设项目社会稳定风险评估主要围绕可能存在的稳定风险开展合法性、合理性、可行性、可控性等评估工作。公众参与重大项目评估是符合人民群众的根本利益，得到大多数群众的理解和支持，兼顾人民群众的现实利益和长远利益的重要举措，是民主决策的重要组成内容。用“重大项目社会风险评估中的公众参与率”来测量民主决策的效能，它反映了民主决策相关制度的合法性和人民支持度。计算公式如下：

$$\begin{array}{c}\text{重大项目社会风险}\\\text{评估中的公众参与率}\end{array}=\frac{\text{参会的人民群众代表数量}}{\text{参与评估会的总人数}}\times 100\%$$

（六）政府留言板的文本情感倾向

人民网“政府留言板”反映了人民意见与处理效率，直接体现出民主决策的质量。本章拟用大数据分析方法随机抽样与“全过程人民民主”相关的内容文本，基于大数据对文本情感倾向的分析，得到这一指标的得分。在具体的方法路径上，主要运用机器学习方法得出的情感倾向得分，利用 Python 调用百度 AI 开放平台的自然语言处理模块进行分析。

四、民主管理的测量

（一）村规民约的普及率

村规民约是村民群众在村民自治的起始阶段，依据党的方针政策和国家法律法规，为维护村组织的社会秩序，构建乡土文化等制定的约束规范村民行为的一种规章制度。用“村规民约的普及率”来测量民主管理的效能，它反映了民主管理相关制度的实际执行情况。

（二）村（居）务公开制度的普及率

村务公开是指村民委员会把办理本村涉及国家的或集体的公共事务

的活动情况，通过一定的形式和程序公开告知全体村民的一种民主行为，是民主管理的重要程序和制度。村务公开作为对村民自治的内在要求，是农村村务管理的重大改革，是促进村干部廉洁自律、强化农村监督机制的重要环节，尊重和保证了村民的知情权、参与权、决策权、监督权，是人民群众评判农村党风政风好坏的一个重要标志，是加强基层民主政治建设和党风廉政建设的基础性工作之一。用“村（居）务公开制度的普及率”来测量民主管理的效能，它反映了民主管理相关制度的实际执行情况。

（三）各委办局干部任免和重大事项的公示制度的普及率

干部任职前公示制度，是将党委（党组）集体讨论研究确定拟晋升公务员的有关情况，通过一定的方式，在一定范围和期限内进行公布，广泛听取群众的反映和意见，再正式实施对公务员的任职。任职前公示制把民主参与的范围由部分干部扩展到广大群众，从而提高了党委、政府干部工作中的民主程度。重大事项的公示制度，是为提高重大事项决策透明度，推进重大事项决策科学化、民主化的一项民主程序，是指向社会公众公开重大事项决策的标准、要求、程序等的决策效能监督制度。用“各委办局干部任免和重大事项的公示制度的普及率”来测量民主管理的效能，它反映了民主管理相关制度的实际执行情况。

（四）人大代表服务群众工作站点的覆盖率

人大代表服务群众工作站是代表常态化履职的有效平台，是人大代表与人民群众联络的重要渠道和纽带，是实现代表小组工作向人民群众日常生活延伸的民主实践。人大代表工作站使越来越多的代表和群众参与监督和支持政府工作，保证了政府决策的科学化、民主化、法制化、公开化，从而在更大的范围、更深的程度上丰富了基层民主法治的内涵，是贯彻“全过程人民民主”的重要举措。

用“人大代表服务群众工作站点的覆盖率”来测量民主管理的效能，它反映了民主管理的基层基础和平台建设水平。计算公式如下：

$$\text{人大代表服务群众工作站点的覆盖率} = \frac{\text{设置有人大代表工作站的社区数量}}{\text{社区总数}} \times 100\%$$

（五）企事业单位的职工代表大会的参会率

职工代表大会是职工群众当家作主，参加企业经营决策和行使监督、管理等权利的组织机构。用“企事业单位的职工代表大会的参会率”来测量民主管理的效能，它反映了民主管理相关制度实施的现实情况。计算公式如下：

$$\text{企事业单位的职工代表大会的参会率} = \frac{\text{参会职工代表的数量}}{\text{职工总人数}} \times 100\%$$

（六）社会组织的监事制度的普及率

社会组织监事制度是社会组织按照法规政策及章程规定，通过会员（代表）大会民主选举一定数量的会员代表，或由发起人（捐赠人）、举办者、业务主管单位、登记管理机关选派相关人员成立监事会或担任监事，发挥监督作用的民主管理制度。用“社会组织的监事制度的普及率”来测量民主管理指标的效能，它反映了民主管理相关制度的实际执行情况。

五、民主监督的测量

（一）社区监委会监督社区两委会的工作频率

社区监督委员会是社区民主监督组织。在街镇乡纪检委、社区纪委指导和社区党组织的领导下，对社区事务实施监督，向社区居民（代表）会议、社区成员代表大会负责。社区监督委员会的主要职责是贯彻党和国家的方针政策，协助社区两委回应群众诉求，监督相关工作的落实。

用“社区监委会监督社区两委会的工作频率”来测量民主监督指标的效能，它反映了民主监督相关制度的实际执行情况。计算公式如下：

$$\text{社区监委会监督社区两委会的工作频率}=\frac{\text{社区监委会列席社区两委会的次数}}{\text{社区两委会的总次数}}\times 100\%$$

（二）行风监督员的普及率

开展行风监督工作既是推进党风、政风、行风建设、优化发展环境的需要，也是维护社会公平正义和群众切身利益的需要，也是相关党政部门和事业单位等组织履行民主监督职能的重要手段。

用“行风监督员的普及率”来测量民主监督指标的效能，它反映了民主监督相关制度的实际执行情况。计算公式如下：

$$\text{行风监督员的普及率}=\frac{\text{聘请行风监督员的各委办局和事业单位的数量}}{\text{各委办局和事业单位的总数}}\times 100\%$$

（三）信访案件按期办结率

人民信访工作作为党的群众工作的重要组成部分，是疏解社会矛盾的润滑剂，是反映社情民意的晴雨表，是维护社会稳定的减压阀，是防范风险隐患的指南针。加强和改进人民信访工作，是发展全过程人民民主、加强人民监督的必然要求。用“信访案件按期办结率”来测量人民信访工作的效能，它反映了民主监督相关制度的实际执行情况。

（四）特约监察员的监督频次

特约监察员一般指国家监察委员会特约监察员。国家监察委员会特约监察员是国家监察委员会根据工作需要，按照一定程序优选聘请，以兼职形式履行监督、咨询等相关职责的公信人士。用“特约监察员的监督频次”来测量民主监督相关制度的实际执行情况。

（五）12345 热线服务的公众满意度

12345 政务服务便民热线，是各地市人民政府设立的由电话 12345、市长信箱、手机短信、手机客户端、微博、微信等方式组成的专门受理热线事项的公共服务平台。政务服务热线通过为社会公众参政议政、建言献策、民主监督搭建规范便捷的平台，畅通了公众参与社会治理的渠道，广纳民意、问政于民，推动政府积极回应群众呼声与诉求，不断优化行政流程、改善公共服务质量，在公共政策制定和社会治理过程中充分体现了人民意志和人民主体地位。用“12345 热线服务的公众满意度”来测量民主监督相关制度的执行情况。

第六节　全过程人民民主效能测度的未来展望

全过程人民民主是我国民主实践的重要形式，构建全过程人民民主测量体系与发展指数是适应我国民主实践发展，回应民主实践科学化、客观化的重要工作。作者立足于上海全过程人民民主的实践，旨在构建中国城市治理民主实践的参考坐标。设计的指标体系具有以下几个特点：一是，指标覆盖范围广。选取了 5 个一级指标和 26 个二级指标，涵盖了选举、协商、决策、管理和监督等全过程人民民主的全过程和全环节，对全过程人民民主实践进行了全要素范围的分析与观测；二是指标选取集中在全过程人民民主的关键领域。对 26 个二级指标设计充分考虑了全过程人民民主在选举、协商等工作中重点实践领域和关键问题，以提升对一级指标的操作化水平。三是数据来源选取客观数据。尽量从实践中的客观数据来分析全过程人民民主的实践样态，数据来源都是各个委办局部门和市、区、街镇三级政府实践中积淀的客观信息，具有可获取性和可分析性。四是指标评估体系具有高适用性。所设计的指标体系不仅适用于街镇村居一级的民主实践，也适用于评估区与区、市与市、省与省之间的民主实践样态。

作者对于本课题的研究工作一方面形成了对全过程人民民主效能测度的理论体系和指标体系构建，另一方面，对测评的数据来源、测评方法和指标设计进行了初步设计。未来将进一步根据调研中对全过程人民民主实践的总结、归纳和提炼，对设计的指标体系进行校对和修正，初步获取相关数据对指标进行预测试，以期不断提升全过程人民民主测度的科学水平，为全过程人民民主实践提供理论支撑。

参考文献

《马克思恩格斯全集》第10卷，人民出版社1998年版。

中共中央马克思恩格斯列宁斯大林著作编译局：《马克思恩格斯文集》第2卷，人民出版社2009年版。

《列宁选集》第3卷，人民出版社2012年版。

《毛泽东选集》第二卷，人民出版社1991年版。

中共中央文献研究室：《毛泽东年谱（1893—1949）》（中册），中央文献出版社2013年版。

习近平：《在庆祝中国人民政治协商会议成立65周年大会上的讲话》，中国政府网，https://www.gov.cn/xinwen/2014-09/21/content_2753772.htm?eqid=c3811a7c00022396000000066468ae4f，2014年9月21日。

《习近平关于社会主义政治建设论述摘编》，中央文献出版社2017年版。

习近平：《在庆祝全国人民代表大会成立六十周年大会上的讲话》，中国政协网，http://www.cppcc.gov.cn/zxww/2019/09/16/ARTI1568590836559111.shtml，2019年9月16日。

《习近平在中央政协工作会议暨庆祝中国人民政治协商会议成立70周年大会上发表重要讲话》，中国政协网，http://www.cppcc.gov.cn/zxww/2019/09/21/ARTI1569018088312103.shtml，2019年9月21日。

《习近平谈治国理政》第三卷，外文出版社2020年版，第146页。

习近平：《在中央人大工作会议上的讲话》，中国政协网，http://www.cppcc.gov.cn/zxww/2022/02/28/ARTI1646040352292439.shtml，2022年2月28日。

习近平：《高举中国特色社会主义伟大旗帜为全面建设社会主义现代化国家而团结奋斗——在中国共产党第二十次全国代表大会上的报告》，中国政府网，https://www.gov.cn/xinwen/2022-10/25/content_5721685.htm，2022年10月16日。

习近平：《高举中国特色社会主义伟大旗帜为全面建设社会主义现代化国家而团结奋斗——在中国共产党第二十次全国代表大会上的报告》，中国政府网，https://www.gov.cn/xinwen/2022-10/25/content_5721685.htm，2022年10月25日。

［美］保罗·萨缪尔森、威廉·诺德豪斯：《经济学》（第19版），萧琛主译，商务印书馆2014年版。

陈柏峰：《村务民主治理的类型与机制》，《学术月刊》2018年第8期。

陈静文、张健：《论数字赋能全过程人民民主的作用、挑战与对策》，《湖湘论坛》2022年第6期。

陈玮：《有技术是否依然无地位？——制造业技术工人参与企业民主

管理的实证研究》,《华东理工大学学报》(社会科学版）2022 年第 6 期。

程竹汝:《论全过程人民民主的制度之基》,《中共中央党校（国家行政学院）学报》2021 年第 6 期。

董树彬:《党的十八大以来全过程人民民主的理论创新与实践成就》,《湖南科技大学学报》(社会科学版）2023 年第 2 期。

董树彬:《全过程人民民主的特色与优势》,《马克思主义研究》2021 年第 12 期。

樊鹏:《全过程人民民主：具有显著制度优势的高质量民主》,《政治学研究》2021 年第 4 期。

范进学:《信访行为之权利与功能分析》,《政法论丛》2017 年第 2 期。

高民政:《中国政府与政治》，黄河出版社 1993 年版。

高艳:《公民参与视阈下的人民建议征集制度》,《理论导刊》2011 年第 12 期。

郭红军:《全过程人民民主的内在逻辑》,《思想战线》2022 年第 6 期。

郭红军:《习近平关于发展全过程人民民主的重要论述及其重大价值》,《中州学刊》2022 年第 7 期。

国务院新闻办公室:《中国的民主（白皮书）》2021 年版。

韩福国、张开平:《社会治理的“协商”领域与“民主”机制——当下中国基层协商民主的制度特征、实践结构和理论批判》,《浙江社会科学》2015 年第 10 期。

韩福国:《作为嵌入性治理资源的协商民主——现代城市治理中的

政府与社会互动规则》,《复旦学报》(社会科学版)2013 年第 3 期。

韩志明:《国家治理的信息叙事:清晰性、清晰化与清晰度》,《学术月刊》2019 年第 9 期。

贺伟军:《推进基层民主治理的务实举措——“民生实事项目人大代表票决制”的理论价值和实践思考》,《人大研究》2019 年第 2 期。

贺雪峰:《谁的乡村建设——乡村振兴战略的实施前提》,《探索与争鸣》2017 年第 12 期。

黄晓春:《当代中国社会组织的制度环境与发展》,《中国社会科学》2015 年第 9 期。

黄宗智:《小农经济理论与“内卷化”及“去内卷化”》,《开放时代》2020 年第 4 期。

[美]加布里埃尔·A. 阿尔蒙德:《比较政治学:体系、过程和政策》,曹沛霖等译,上海译文出版社 1997 年版。

蒋文婕:《上海持续深化“一网通办”改革》,《青年报》2023 年 5 月 12 日。

[美]卡罗尔·佩特曼:《参与和民主理论》,陈尧译,上海人民出版社 2018 年版。

康坤鹏:《我国人民建议征集制度的演变》,《云南社会主义学院学报》2014 年第 4 期。

[美]科恩:《论民主》,聂崇信、朱秀贤译,商务印书馆 2004 年版。

李青、钱再见:《历史制度主义视角下民主党派民主监督制度变迁逻辑》,《学习论坛》2021年第2期。

李友钟、王仁富:《新时代国家治理现代化视域下的企业民主管理》,《上海师范大学学报》(哲学社会科学版)2021年第4期。

李郁芳、蔡少琴:《农村公共品供给中的村民自治与“一事一议”——基于公共选择理论视角》,《东南学术》2013年第2期。

刘杰:《中国式民主：一种新型民主形态的兴起和成长》，时事出版社2014年版。

刘九勇:《全过程人民民主的传统思想渊源》,《政治学研究》2021年第4期。

刘军、李洋:《“全过程”的人民民主：中国式民主的制度设计与建设实践》,《科学社会主义》2021年第1期。

刘士安、巨云鹏:《人民群众好声音，城市治理新引擎》,《人民日报》2021年5月19日。

[美]罗伯特·A.达尔:《论民主》，李风华译，中国人民大学出版社2012年版。

[美]罗伯特·达尔:《多元主义民主的困境》，周军华等译，吉林人民出版社2011年版。

[德]罗伯特·米歇尔斯:《寡头统治铁律——现代民主制度中的政党社会学》，任军锋等译，天津人民出版社2003年版。

罗家为:《全过程人民民主何以赋能基层治理现代化》,《中共宁波市委党校学报》2023年第2期。

［英］洛克:《政府论（下篇）》，叶启芳等译，商务印书馆 1964 年版。

任剑涛:《“全过程人民民主”中的权力无缝隙监督》,《广州大学学报》(社会科学版) 2022 年第 3 期。

《上海: 27 日起将开通“政风行风热线”服务百姓》，中国政府网，https://www.gov.cn/govweb/fwxx/sh/2007-01/22/content_503143.htm，2007 年 1 月 11 日。

《上海聚焦监督首要职责做好信访举报工作》，中央纪委国家监委网站，https://www.ccdi.gov.cn/yaowen/201905/t20190514_193879.html，2019 年 5 月 21 日。

上海市审计局:《“走进审计现场”——市审计局成功举办“审计开放日”活动》，上海市人民政府，https://www.shanghai.gov.cn/sjbmkf/20220901/df00f10fc0844087a9f5df09792ab382.html，2022 年 8 月 31 日。

《上海市卫生计生系统行风建设监督员队伍管理细则》，上海市人民政府，https://www.shanghai.gov.cn/nw12344/20200813/000112344_56394.html，2022 年 8 月 13 日。

《十六大以来重要文献选编》(上)，中央文献出版社 2005 年版。

宋菁菁、王金红:《数字人大建设何以促进全过程人民民主发展: 创新路径与前景展望》,《学术研究》2022 年第 2 期。

唐亚林:《公权力制约监督的决策维度考察：一种基于全过程人民民主的新视角》,《广州大学学报》(社会科学版) 2022 年第 3 期。

唐亚林:《“全过程民主”：运作形态与实现机制》,《江淮论坛》

2021 年第 1 期。

佟德志、林锦涛：《基层立法联系点的全过程人民民主分析——以上海市为例》，《江淮论坛》2023 年第 2 期。

佟德志、张朝霞：《全过程民主决策的要素与结构》，《学术界》2023 年第 1 期。

王海燕：《把全过程人民民主融入人民城市建设》，《解放日报》2023 年 3 月 9 日。

王海燕：《架起连心桥民主获得感看得见能体验》，《解放日报》2023 年 1 月 9 日。

王海燕：《小小联系点诠释“全过程人民民主”大气象》，《解放日报》2021 年 7 月 26 日。

王嘉旖：《“首提地”迈向“最佳实践地” 全过程各方面彰显为民初心——上海市十五届人大五年履职综述》，《文汇报》2023 年 1 月 9 日。

王正、邹之昕：《创造学习的思路》，《中国社会科学报》2023 年 6 月 9 日。

新华社“解码魔都”工作室：《解码魔都 | 五个篇章精彩写就——上海市第十五届人大常委会履职回眸》，新华社，https://h.xinhuaxmt.com/vh512/share/11307675?d=134afde&channel=weixin，2023 年 1 月 10 日。

［美］熊彼特：《资本主义、社会主义与民主》，吴良健译，商务印书馆 1998 年版。

徐文光:《以数字化改革助力政府职能转变，提升政府履职科学化精准化智能化水平》，人民网，http://finance.people.com.cn/n1/2022/0630/c1004-32462306.html，2022 年 6 月 30 日。

徐珣、王自亮:《商谈式民主决策及其社会行动机制研究——以温岭民主恳谈为个案》,《公共管理学报》2014 年第 2 期。

杨静、林馥榆:《上海市人民建议征集办公室今天揭牌，让人民的“金点子”搭上“直通车”》，央广网，https://www.cnr.cn/shanghai/tt/20200717/t20200717_525171386.shtml，2020 年 7 月 17 日。

叶志鹏、谭新雨:《党内法规“试点”的过程与机制——基于对干部任前公示制的历史考察》,《华中师范大学学报》(人文社会科学版)2023 年第 3 期。

易承志:《城市居民环境诉求政府回应机制的内在逻辑与优化路径——基于整体性治理的分析框架》,《南京社会科学》2019 年第 8 期。

尹奎杰:《全过程人民民主的过程性》,《荆楚法学》2023 年第 2 期。

张欢:《“民主管理型”集体经济现实基础与运行机制——以成都市 Z 村的实地考察为基础》,《农林经济管理学报》2019 年第 3 期。

张利涛、方雷:《中国共产党发展全过程人民民主的政治效能》,《科学社会主义》2023 年第 2 期。

张树华:《发展全过程人民民主》,《红旗文稿》2021 年 9 月 10 日。

张扬金、陈林夕、邓观鹏、杨淑玲:《村委会民主绩效的关键要素研究——全过程人民民主视阈下的实证检验》,《管理学刊》2022 年第

4 期。

赵豪迈、白庆华：《电子政务“数字鸿沟”分析与数字援助政策》，《情报杂志》2007 年第 3 期。

赵永红：《全过程人民民主：理论逻辑与制度路径》，《行政论坛》2022 年第 1 期。

赵勇：《数字赋能全过程人民民主的路径分析》，《探索与争鸣》2022 年第 4 期。

中共上海市委党校课题组：《数字化转型背景下政务服务中“数字鸿沟”问题探究——以上海市“一网通办”为例》，《江南论坛》2022 年第 9 期。

《中共中央关于坚持和完善中国特色社会主义制度　推进国家治理体系和治理能力现代化若干重大问题的决定》，人民出版社 2019 年版，第 3 页。

中共中央文献研究室：《十八大以来重要文献选编》（上），中央文献出版社 2014 年版。

中共中央文献研究室、中央档案馆：《建党以来重要文献选编（1921—1949）》（第 20 册），中央文献出版社 2011 年版。

《〈中国的民主〉白皮书（全文）》，中华人民共和国国务院新闻办公室，http://www.scio.gov.cn/ztk/dtzt/44689/47513/47521/Document/1717215/1717215.htm，2021 年 12 月 4 日。

《中国的民主（白皮书）》，中华人民共和国国务院新闻办公室网站，http://www.scio.gov.cn/ztk/dtzt/44689/47513/index.htm，2021 年 12 月 4 日。

中华人民共和国国务院新闻办公室:《中国的民主》，人民出版社 2021 年版。

周光辉、刘传明:《民生实事项目代表票决制：破解地方政府“民生难题”的制度创新》,《理论探讨》2023 年第 2 期。

后　记

如果说爱情是小说的永恒主题，那么民主则是政治学研究不断的旋律。政治学学者对于民主话题的兴趣和热情自不待言。本书作者力图以一种新的视角和维度来研究全过程人民民主。包括从现实中挖掘和分析具有“民主”内涵的创新实践，拓展理解超大城市全过程人民民主的实践版图。在结构性分析的基础上，提出中国式民主在实质参与的广泛性、嵌入治理的真实性、人民民意的回应性、制度执行的有效性、流程监督的全面性等方面，拥有相比于西方民主所具有的制度优越性。为超大城市全过程人民民主治理效能的评估构建了指标体系，并在全过程人民民主发展指数的研究上进行了大胆而务实的尝试。

本书的研究工作，首先要感谢上海市人大常委会研究室主任、政治学博士刘世军同志的指导和启发。最早是他提出，上海作为全过程人民民主重要理念的首提地，能否做一个关于上海全过程人民民主发展指数的研究，为上海打造全过程人民民主最佳实践地作出理论贡献。作者围绕这个兼具现实和理论意义的命题展开课题论证，并非常幸运地获得上海市社科规划“研究阐释二十大精神专项课题”的资助，以及市人大常委会研究室的立项支持。在此过程中，上海市哲学社会科学办公室徐逸伦老师高度负责的关心和大力支持，督促课题组按时完成课题任务。上海市人大常委会研究室汪闻生处长提供了大量研究资料和相当多的理论指导，一并表示深深的谢意。本书的撰写成员还包括上海交通大学赵吉博士、刘旭博士，博士研究生杜力、杨铭逸、林铭海、程睿文，以及硕士研究生史宇璐、吴玲屹、艾茹洁。

本书努力尝试新的维度和做法，在很多方面仍然比较粗浅和幼稚，作者将沿着这个方向继续努力，争取为中国式民主的研究作出微小的实质性贡献。

彭　勃

于浙江余姚四明湖

2023 年 9 月 7 日

图书在版编目(CIP)数据

制度与效能:超大城市全过程人民民主发展探索/
彭勃等著.—上海:上海人民出版社,2023
ISBN 978-7-208-18599-9

Ⅰ.①制… Ⅱ.①彭… Ⅲ.①社会主义民主-建设-
研究-上海 Ⅳ.①D625.51

中国国家版本馆CIP数据核字(2023)第197332号

责任编辑 史美林
封面设计 汪 昊

制度与效能:超大城市全过程人民民主发展探索
彭 勃 等著

出 版 上海人民出版社
(201101 上海市闵行区号景路159弄C座)
发 行 上海人民出版社发行中心
印 刷 上海新华印刷有限公司
开 本 787×1092 1/16
印 张 15
插 页 2
字 数 150,000
版 次 2023年11月第1版
印 次 2023年11月第1次印刷
ISBN 978-7-208-18599-9/D·4222
定 价 68.00元